寻找动词的形而上学
METAPHYSICS ON VERBS

赵汀阳
ZHAO TINGYANG

生活·讀書·新知 三联书店

Copyright © 2023 by SDX Joint Publishing Company.
All Rights Reserved.

本作品版权由生活·读书·新知三联书店所有。
未经许可，不得翻印。

图书在版编目（CIP）数据

寻找动词的形而上学 / 赵汀阳著 . —北京：生活·
读书·新知三联书店，2023.7
（赵汀阳集）
ISBN 978-7-108-07644-1

Ⅰ. ①寻⋯　Ⅱ. ①赵⋯　Ⅲ. ①形而上学－研究　Ⅳ. ① B081.1

中国国家版本馆 CIP 数据核字 (2023) 第 071518 号

责任编辑	冯金红
装帧设计	一千遍
责任校对	张　睿
责任印制	李思佳
出版发行	生活·讀書·新知 三联书店
	（北京市东城区美术馆东街 22 号　100010）
网　　址	www.sdxjpc.com
经　　销	新华书店
印　　刷	北京隆昌伟业印刷有限公司
版　　次	2023 年 7 月北京第 1 版
	2023 年 7 月北京第 1 次印刷
开　　本	880 毫米 × 1092 毫米　1/32　印张 9
字　　数	164 千字
印　　数	0,001 – 5,000 册
定　　价	79.00 元

（印装查询：01064002715；邮购查询：01084010542）

目 录

前言　从我思（cogito）到我作（facio）　*1*

一　第一个哲学概念：否定词　*1*

二　动词存在论与创造者视域　*33*

三　创世论的存在论　*81*

四　共在存在论：人际与心际　*109*

五　时间的分叉：作为存在论问题的当代性　*141*

六　关于形而上学的评论　*177*

七　追溯本源的方法和问题的递归性　*217*

八　形成本源问题的存在论事件　*239*

前 言

从我思（cogito）到我作（facio）

这个论文集选用的是20年来我关于形而上学的一些论文，大多数发表于《哲学研究》，有的发表于《中国社会科学》、《哲学动态》和《社会科学战线》。这里没有选入更早的形而上学论文，是因为，90年代后期以来我对形而上学的思考发生了变化，从问题到理论和方法都非常不同了，似乎不能合并同类项。

关于形而上学，我比较早的思考集中表达在1993年出版的《走出哲学的危机》和1999年出版的论文集《22个方案》里。那时我的"旧形而上学"大体上属于笛卡尔"我思"框架内的一些探索，受到了分析哲学和现象学的影响，自称为"观念存在论"，即只限于"观念界"而不考虑实在界的反思，只研究什么样的观念是观念界里的"合法存在"，类似于逻辑学里的"合式公式"，另外其中也不难看出胡塞尔现象学的影响，但问题颇为不同。为了避免胡塞尔试图避免而事实上很难避免的心理主义，我没有涉及相当于noesis的研究，而把研究对象限制于大概相当于noema的范围，并且更多地接受了分析哲学的标准，是一种混合了分析哲学和现象学的形而上学研究。但关于"观念界"的研究并不太成功，我自己是这样看的，所以没有进行后续的研究，当然也有些学者朋友更支持这种唯心主义的思路。哲学没有绝对的对错。无论如何，早年的研究也有所收获，尤其是发现在"我思"框架内有着许多难以处理的事情，后来因此转向了新的问题。

观念作为仅仅存在于"我思"中的非实在之存在，其存在的合法性在哪里？这是早年的一个自寻烦恼的问题。要是采用经验主义的标准，就不得不承诺许多乃至无穷多的外部实在，那是康德也束手无策的自在之物，因此就需要证明观念与实在的契合关系（符合论）。这个哲学的老问题虽然有趣却永无普遍必然的证明，至少估计不会有哲学上的证明，或许将来会有量子力学的证明也未可知。我们能够知道的所有思想永远只是观念，因此无法以观念超越观念去证明观念之外的实在性质。在这个意义上，怀疑论总是对的。因此，只好指望在观念界内部通过观念间的理性关系来建立观念的合法性。但这似乎是属于逻辑学、语言学甚至数学的问题，那么，数学或逻辑的规则足以解释观念的合法性吗？假如能够证明这一点也是好的，但事情没有这么简单。比如我曾经论证说，如果引入布劳威尔的能行性标准，就可以在实质上把一个观念的真理性"等价兑换"为观念系统中的能行性（feasibility），或称可构造性（constructibility），于是，知识论就可以转换为观念存在论了。这是那时我很向往的"保守主义"标准，至今也坚持认为是一种很优越的最为理性的方法。从维特根斯坦的《关于数学基础的评论》可以看出，他也倾向于支持这个直觉主义数学的标准。这个数学方法虽好，但有局限性，对于观念界不够用，显然不能解释所有观念问题。

能行性的标准本身是先天（a priori）为真的，然而奇怪或奇妙的是，它却不是先验（transcendental）为真的。通常，先天为真应该也先验为真。但直觉主义数学家怀疑这一点，因为我们并没有能力遍历无穷性，因此可没有把握断言先天原则在无穷多经验里先验为真。这是对康德的一个真正挑战。于是，先天（a priori）的有效性必须落实为能行性，才最后被确认为真，而能行性只在有穷步骤中有效，因此不能不负责任地推论其先验的普遍必然性（比如布劳威尔证明了即使排中律也并非普遍必然）。能行性原则很强大，我一直都相信能行性是观念合法性的一个重要标准，但能行性也确实存在着解释的局限性，由此可以发现一些新问题，尤其是在逻辑和数学之外的问题。很显然，人类有许多最有意义或最重要的观念并非普遍必然，也无法必然证明，但那些观念就是这样的，并且确实非常有用，尤其是任何思想奠基所需要的那些基本观念。可以说，构成人类思想基础的大多数观念都是无法绝对证明的，它们是创造性的。而且，即使在有逻辑、有规则或有秩序的事情上，人们也不断地即兴行为，在具体情况下对规则进行即兴创作（improvising），具体情况总是万变的，因此总是迫使人们对规则进行语境化的创造性理解。维特根斯坦遇到的一个困惑就是，在有的具体情况下，似乎很难必然地区分遵循规则（following a rule）和发明规则（inventing a rule）的行为。这种情况有点乱，但人们不怕混乱，所以事情就比较有趣了。

观念、理论、技术、价值乃至整个文明，都是为存在建立秩序，而秩序的原初基础是创作的而不是先验给定的，因此，形而上学或存在论试图寻找的本源并不在无穷远的时间远方，而就在脚下，就在人类的创作之中。创作即本源。由此我相信，存在不是存在论的问题，创世才是存在论真正需要解释的事情，而哲学一直错过了这个根本问题。当然，人们在神话或神学中谈论了创世，但创世被叙述为神奇故事而不是思想问题。生活需要故事，但思想不是故事，我们需要把故事变成问题来思考。

创世论一直被认为是属于神学的不成其为问题的信念而不是成问题的哲学反思对象，这是思想的一个根本错误。导致这个错误的一个狭隘认知是以为只有神创造万物才是创世，另一个刻板信念是，以为本源是超时间的永恒不变常数，比如绝对存在（being as being），可是无论是神还是绝对存在都对真实存在毫无说明，可见只是故事。实际上,真正需要解释的"创世"和本源是创造了历史和文明的"创世"和本源,别的本源没有哲学意义,至多是神话意义,就是说,我们必须解释我们自己存在的本源。因此,创世论与存在论必须是同一的,否则各自都不是思想的对象。如果两者分离,就变成了无法被讨论的信念或假设,结果是,创世论和存在论各自都无法被说明。因此,被归入神学的问题必须转换为哲学问题,创世论必须转换为存在论,即形成"创世存在论",本源就在其中。上帝创造万物,这是上帝的事情,上帝不负责创造人类的历史和文明。历史和文明的本源就是人的创作。上帝的问题归上帝,人类的问题归人类。

创世是"跨心物"的行为,内在性和外在性一体,无法被切分为思想和行为两个领域。心与物的分别或者心与身的二元论分别在创作的行为中消失了,因为创世行为是作为一个完整的存在论事实的及物行为,即思想与行为一体的事实,或者说,行为的主语、谓语和宾语同时以实在的方式在场(presence in reality),结构完整,无所遗漏。如果其中任何一项缺乏实在性就不是完整的存在论事实了。笛卡尔的"我思"(cogito)虽然是根本性的,但无法说明宾语的实在性,甚至也缺少实在性的谓语,因此无法解释创世(创作)问题。哲学显然需要一个新的出发点和思想框架,我的选择是,以"我作"(facio)为所有问题的初始出发点,"我作故我在"(facio ergo sum）的命题就可以通达许多关键问题，包括动词、共在、可能性、否定性、递归性等，当充分展开问题链，还可以通达其他所有相关问题，包括心与思、事与物，甚至政治与伦理，等等，而所有的关键问题在人类思想和生活中都递归地普遍存在。

思考创世存在论的时间跨度比较长，大约从1996年开始至今，时有推进而尚未完成。大部分思考写在《一个或所有问题》（1998年初版，2023年修订）和《第一哲学的支点》（2013年初版）两本书里。这里的论文都是思考创世存在论的相关作品，包括一些尚在进行时的想法。这次结集，对这些论文略有补充。

有一点需加说明：facio非常接近古汉语的"作"，几乎完美对应，但一度考虑到容易混同为当代流行语中对"作"的歧义用法，在原来的书和文章里，facio写成"我行"或"我做"，但不完全准确，损失了创造性的含义。facio的意思是I make or I do，古语的"作"也兼有此轻重程度不同的两种含义，而"行"和"做"更多表达了I do的意思。因此，在此文集里，按照语境而改为"我作"和"造事"，比如与笛卡尔的公式"我思故我在"（cogito ergo sum）对比时就写成"我作故我在"（facio ergo sum），但在一般情况下，facio就写成"造事"。

此外，行文的某些语文措辞也略有修改。我的语文水平与试图表达的观念相比差之甚远，就是说，语文比较差。这里虽于措辞略有修正，但恐怕仍有别扭之处，只好请读者多些耐心。语文能力非一日之功，尽管我已写作数十年，语文仍然不好。很羡慕柏拉图、亚里士多德、罗素和维特根斯坦那样能以最清楚的语言表达最复杂的思想。记得维特根斯坦说过大致这样的话：凡是人读不明白的话语，就是作者自己没有想明白。我因此难免疑心，可能不单是语文差，恐怕思想也有某些没有想清楚之处。还请读者多多批评。

非常感谢三联书店的冯金红女士和设计师朱砂，他们给了这本很抽象的书一个友好的具体面目。

赵汀阳
2022 年 11 月 26 日

{ 一 }

第一个哲学概念：否定词

引子　很久以前的讨论

大概在1988年，记不住是春天还是秋天，我和李泽厚老师在农科院围墙外林荫道上，以哲学的想象讨论人类意识和思想起源的问题。我们的讨论范围仅限于"真正的意识"即具有反思性的意识得以发生的文明条件，并未涉及人类意识的生物学条件，或者说，只涉及人文条件而不涉及科学条件。李泽厚老师相信工具的使用是形成人类意识的关键条件，因为工具使人第一次形成意识的间接性，于是，物质对象第一次不是作为直接对象而出现，而变成一个通过工具作用而被规定的功能性间接对象。工具固然至关重要，但我更相信语言的出现才是意识革命的条件，其中，否定词"不"的出现构成了思想的临界点。多年之后，我意识到，我们各自的哲学想象其实并不矛盾，因为几乎每个人文问题总是同时有着多个有道理的解释，而且经常形成互相补充。显然，人类思想能力的形成需要必不可少的多种条件的共同作用，包括工具和语言，当然还有其他因素，诸种条件都同样是必需的，关键问题只在于到底何种条件是人类思想的临界发动点。在此，我仍然相信否定词是最终开启思想之光的临界点。历史无法重现而封存了大量问题，在历史沉默的地方，或许正是哲学想象的余地。为此，我试图为人类发动的思想临界点给出一个"化历史为哲学"的论证。

1　化历史为哲学

在近年来广为流行的《人类简史》中，赫拉利雄赳赳地描绘了人类如何"建构"了货币、国家和宗教等许多非自然事物。国家、规则和制度都是被建构的，这并非新奇观点。先前许多思想家都讨论过这个问题，比如马克思分析过国家是在阶级社会里被建构出来的，而在消灭了阶级的未来社会里，国家也将消亡；福柯分析过知识和权力以辩证方式进行的互相建构；维特根斯坦把一切规则和制度都理解为被建构的"游戏"或"生活形式"，如此等等，更不用说大多数现代历史学家的工作都是从建构的角度去理解人类社会的建制，在此无须多论。赫拉利的新意在于，把人类的"建构"理解为基于信念而生效的"虚构"[1]。这个理解很有道理，但似乎过于强调虚构性反而可能遮蔽了规则和制度的实构性（factualization）。我使用这个有些奇怪的概念是想说明，文明的建构确实很可能始于唯心的虚构，但问题在于，并非任何虚构都可行，显然，唯物的实践将做出由虚到实的最后选择，实构的实践会形成对虚构想象的一个淘汰过程，就是说，任何能够转化为事实的虚构都必定能够确实解决生活中的某种必须解决的问题，否则将在真实世界中被淘汰而转存为文学或哲学，因此，可行的虚构的另一面必须是实构。在这个意义上说，任何一种有价值的虚构其实都是生活博弈问题硬逼出来的实构而绝不仅仅是迷人的想象。以博弈论的理解而论，人类的制度和规则都是在长期博弈中形成的稳定博弈均衡转换而成的，而博弈均衡显然是实践性的实构，绝非虚构。另外，虚构之初或凭借信念而成，但只要落实为生活形式，其可信性就主要是实践问题了，可信性最终在于可行性。信念仅凭自身无法自我作证，最终能够为信念作保的就是维特根斯坦所说的"实践的大量实例"，就是说，生活形式的最终基础并非信念而是实践的力量。

初始状态的人类不可能凭空产生意识革命。流行的说法是认知革命，但认知革命的概念容易暗示人类思想开始于知识问题，这却未必准确。早期人类的所有问题

---

[1] 赫拉利：《人类简史》，林俊宏译，中信出版社，2014年版，第24—26页。

首先都是生存问题，其中包含认知，但还包括适应、即兴创作、赌博性的探索以及建立"自圆其说"的解释系统（多半不是知识而是假设，甚至是迷信），因此，意识革命是一个更广义因而更合适的概念。人类的意识革命必定是因为出现了一些事关生存而能够改变生活形式的奇迹般的媒介。每种媒介的发明都提出了新问题，也带来了新经验，因此开拓了新生活。可以说，文明早期的每一种媒介发明都是伟大的创造，都为生活增加了前所未有的可能性，都有开天辟地的效果。比如，曾经读到一篇有趣的文章介绍了至少数万年前人类就发明了绳索，这个伟大发明的重要性甚至超过斧头和车轮。除了物质性的发明，在人际关系方面的发明对于生存同样至关重要。通常认为，群体的合作是人类最重要的生存条件，关于群体作为人类初始条件的理论论证可以追溯到荀子和普罗塔哥拉[1]，很可能还有更早的反思。群体合作固然于生存最为要紧，却不是人类首次遭遇的新问题，原始人以及许多种类的动物的生活里早就存在密切合作，这个事实甚至令人想象到集体性也是一种先验基因。虽然合作是人类生存的原始基础，却不是发动意识革命的

---

[1] 最早把合作明确地理解为人类的初始条件的应该是荀子（参见《荀子·王制》："人生不能无群……"）。另外，普罗塔哥拉也想象了合作的理由，但没有把合作理解为初始条件，他相信人类最早是散居的，后来为了增强力量就合群建立城邦（参见 Plato: *Protagoras*. Tr. Jowett, 322a-c）。

第一原因。合作行为曾经持续了百万年而没有导致革命性的改变，因此，真正导致意识革命的契机必定是一种介入性的奇迹，即切入到人与自然的直接关系中的某种"中间性"的革命性的媒介，它所开创的新经验足以重新定义人与自然的关系，从而开启意识的新问题。

最古老的革命性媒介可能是也应该是工具。关于工具的科学和考古学研究已经很多，无须多论，其中特别重要的哲学意义是，工具使人类得以主动支配某些因果过程而把主观性加于自然过程，好似参与了自然运作（古人的说法是"与天地参"），因而使得人类的存在开始具有了主动性。不过，主动性与人得以自立的主体性之间尚有远途。工具建立的对因果关系的自觉意识肯定是意识革命的一个必要条件，却不是充分条件。不少动物也使用工具（切不可五十步笑百步地认为动物的工具比原始人的工具粗糙得多），也有因果意识，甚至有艺术观点，却并未导致意识革命——当然，科学家可能会告诉我们，这是因为动物的大脑功能不够强大。可是，即使有足够脑力的原始人也不可能仅仅通过因果意识而产生意识革命，就是说，因果意识是必要条件却不是充分条件。事实上原始人使用工具只是大大改善了生存境况，却在很长时间里（百万年或数十万年）并没有产生意识革命。我猜想其中一个原因是，因果意识只是一种单项能力，不足以开拓全面立体化的思想空间，尤其不足以形成怀疑和争议的反思能力。即使在人类的成熟思想中，因果意识也只能解释一部分思想问题。因果关系不足以解释逻辑分析和推论,也无法解释关于价值、情感、愿望和想象力的问题,更无法解释自由意志。可见,因果意识只是发达的动物心智,尚未革命性地升级为具有怀疑、逻辑分析和反思能力的自由心智。

如果工具意味着原始人类通过把握因果关系而在"生的问题"上获得一种主动性,那么,早期人类意识对"死的问题"的创造性解决也意味着另一种自觉性。死是仅次于生的重大事实,却似乎提出了更为震撼的问题:生乃是化无为有,虽无法解释,但生本身是好事,就不用追究了,可是,死把有变成了无,这就太震撼了。当有灵性的存在失去了灵性的迹象,这是难以接受的,灵魂哪里去了,更是不可理解。人类不可能不去思考这个惊心动魄的问题,因此,死的问题也很可能直接触动了人类的自觉意识(有迹象表明,少数动物,例如大象,已经有了关于死的悲怆意识)。德布雷相信人类文明可能就始于以图像去象征性地解决死的问题,因为考古发现人类最早的图像几乎都是生者与死者、人与神之间的媒介,既是一种交流,更是一种挽留。早期墓葬里的图像表明,人类试图拒绝生命的终结,试图通过永远在场的图像而留住消失的生命。图像召唤灵魂,从而使生命继续在场,因此,早期人类创造的图像不是艺术,而是神奇的方法,是一种"实实在在的生存手段",就像打猎的工具一样有用。由于死像太阳一样"无法直视",关于死亡的思考就蕴含着"从可见到不可见,从短暂到永恒"[1]的意识突破。于是,对死的思考使生的事实超越了自然性而具有了精神性。也许需要说明,这个理解与孔子"未知生焉知死"的见识并不冲突。孔子绝不否认死的问题的精神性(儒家自来极其重视死的事情),孔子命题的直接意思是:如果不理解生的意义,就无法理解死的意义。其深层含义则是:如果生没有精神意义,那么死也没有精神意义。其实,在人类的存在具有精神性之前,生死都轻如鸿毛。

工具和图像无疑都是意识革命的助力因素,但恐怕都尚未触及意识革命的临界条件,都不是实现意识革命的那个点铁成金的因素或临界点。追求生命不朽之图像显示了不可见的或不在场的世界,这一点对于精神世界非常重要,但就历史证据来看,图像的出现晚于工具和语言,因此,人类的意识革命应该早于图像,而图像只是进一步增强了意识革命,尤其是增强了生命的精神性。至于工具,如前所论,工具的专用性及其所揭示的特定固化的因果关系也不足以建构完整的精神世界,尤其是因果关系缺乏超越自然需求的精神性或思想性,因此不足以形成自由意志和人文价值。可以说,工具扩大了生存空间,提高了生存效率,却仍然不足以使人类的存在

---

[1] 德布雷:《图像的生与死》,黄讯余、黄建华译,华东师范大学出版社,2014年版,第17页、13页。

超越生存（survival）的概念而变成具有精神意义的生活（life）。

人类的意识革命最有可能发源于语言的发明，这是一个很普遍的共识，大多数历史学家和科学家以及几乎所有语言学家都相信这个推断。语言不仅能够表达实在世界，而且本身就构造了一个非实在的世界，一个有着自身结构和运作规则的新世界，于是，语言世界既是存在又是表达，一身兼备存在和表达的世界可谓最大的奇迹，显然，语言的"创世"能力绝非其他任何媒介所能望其项背。不过，仅仅肯定语言为意识之本，这只是一个笼统模糊的判断，虽广受承认而平平无奇。真正具有挑战性的问题是，我们需要解释语言何以导致了意识革命，更明确地说，语言里的什么因素或何种功能构成了意识革命的临界条件。语言本身是个长期演化的事实，似乎长达数十万年，并非一时之功，于是，关于语言自身的历史性，也需要追问到底是何种创举使语言成为语言，更具体地说，是何种奇迹使传递信息的信号转变为生产思想的语言，即动物信号系统如何得以转变为人类语言，这是语言隐藏于自身深处的秘密。究竟是哪一种语言功能启动了意识革命，这正是尚不清楚而需要想象和分析的问题。

那么，何种语言行为最有可能最先发动了意识革命？赫拉利提出一个有趣的想象，他认为导致认知革命的语言活动主要有两种：闲话（中文版翻译为"八卦"）

和虚构。这个过于有趣的论断实有不小的疑问，需要略加讨论。据说原始人通过背后互相说坏话而得知谁是骗子谁是朋友，就像现代人一样喜欢"嚼舌根"和各种"爆料"，结果，话越多意识越发达。[1] 这个推想恐怕是一种"现代化"甚至后现代的臆想。虽然我们不知道原始人说了些什么，但几乎可以肯定，吃饱没事干而嚼舌根，对私密生活的爆料津津乐道，显然不太可能是艰苦卓绝的原始生活的兴趣点和重要场面。且不说原始人的生存压力远大于闲言碎语的乐趣，原始集体生活的公开性也远远超过私密性，原始人不可能有太多值得爆料的私密故事。即便在权力竞争上，原始人也更多通过直接暴力威慑去建立权力，或用以暴力作保的理性策略去获得权力，比如通过以德服人、以公服人的"阳谋"去建立威信，而不像后世经常诉诸缺德的阴谋，因为在一个社会的规模变得足够大而形成不可测的复杂性之前，阳谋比起阴谋更有力量（韩非对此有过著名论述[2]）。总之，从生存需要出发，人类的早期语言必定是一个人人可以放心能够信任的信用系统，否则毫无社会价值。简单地说，如果早期语言不等于真话和诺言，恐怕难以发展为真正的语言。在能够立字为据之前，语言（口语）就

---

[1] 赫拉利：《人类简史》，林俊宏译，中信出版社，2014年版，第24—25页。
[2] 参见《韩非子·五蠹》。韩非曰："上古竞于道德，中世逐于智谋，当今争于气力。"

是真理的证词，无论是事实的证词还是无悔的诺言。当语言只有语音，说话就要算数，否则语言完全无助于交流与合作，反过来说，假如早期语言就已经陷于谎言和闲话，就不可能发展出其他任何信用系统。在人类早期的公共空间里，语言是最早的信用系统，是共同生活的保证。假如早期语言不可信，文明恐怕就难以发展，甚至难以存在。说话不算数，或造谣欺骗，诸如此类的现象应该是文明高度发展之后的事情。

另外，语言的虚构功能对于人类思想的形成无疑极其重要，在这一点上，赫拉利的看法大概是可信的。正如赫拉利指出的，语言的虚构功能使人得以创造各种原本不存在的文明形式，包括信仰、制度和货币等等。假定这个推想为真，那么就需要追问一个更为基本的问题：语言的虚构功能何以可能？显然，虚构属于相当成熟的语言功能，并非语言的初始能力。因此，就顺序而言，虚构能力应该是意识革命的后果，而不是原因；就逻辑条件而言，哪怕是最简单的虚构，也必须以人类已经发展出关于可能性的意识为前提，否则无虚可构，就是说，只有当人类意识到超出现实性的可能性，即超出所见之"实"的不可见之"虚"，意识才具备进行虚构的条件。既然可能性意识是虚构能力的逻辑前提，意识革命就并非始于虚构，而始于可能性意识的发生。可见，虚构也是意识革命之后的故事。

这里进入了关键的问题：人类究竟是如何意识到可

能性的？以何种方式开启了可能性的意识？或者说，可能性并非实在事物，也不可能在经验中被给与（given），那么，可能性是如何被创造出来的？人类为什么能够在现实性之外创造出可能性？要理解这个问题就必须"考古地"想象语言的初始状态——语言的初始状态消失了，没有物质遗留，无法真正地进行考古，但可以逻辑地进行最合理的回溯，而逻辑上最合理的事情大概率就是真实的事情。

按照科学观点，许多动物也有某种相当于语言前身的信号系统。这意味着，在形成语言之前，原始人类一定早就拥有了信号系统，至少包含指称和指令的功能，比如，x指称"猛兽"，y指令"快跑"之类。信号系统只有"a代表b"的语法，也就相应地只有一种逻辑关系：a是b。因此，信号系统只能表达实然性或必然性，而无法表达虚拟性或可能性。缺乏可能性的意识空间是一维的而不是多维的，如此单调的意识空间不足以形成思想空间。这意味着，在开启可能性的意识之前，或者说，在形成多维意识的分叉路径之前，信号系统不可能按照信号自身的逻辑直接发展成为语言，必须有某种突变。在此，我们要寻找的就是信号转变为语言的临界点，它必定是能够开启思想的无限性或多维度的第一个概念，于是，这个革命性的概念本身就必须蕴含着无限可能性，并且必定指向超越"a是b"结构的前所未有的逻辑关系。

如何在现时的语言结构中去发现意识的历史线索，

这是个问题。对此，我希望采取一种"逻辑考古学"的方法（这个概念可以理解为向福柯的"知识考古学"致敬），去理解思想的时间性"过程"如何固化为语言的空间性"结构"，相当于一个连续过程映射为逻辑结构。由于我们不可能超越语言的界限去思想，因此可以把语言看作思想的基因库，语言的基因序列就相当于意识演化的历史刻度，由此可以显示语言的何种功能是逻辑在先的。事实上，作为意识演化的活遗产，语言的基因序列保存着意识演化过程中被结构化的历史性，特别是，意识的演化过程被固化地刻画在语言的逻辑结构中，因此，我们可以通过语言的逻辑结构去分析意识的历史性。为什么是语言的逻辑结构而不是语法？理由是，逻辑结构是语言所隐含的不变结构，也可以说是语言的思想语法，而语言的语法只是思想语法的特殊表达或个性化表达，属于特殊文化，语法没有必然性，而逻辑是必然普遍的。逻辑与语法的层次不同，逻辑是语言的思想结构，它解释了思想之所以成为思想的必然性，而语法是语言的文学结构，它解释的是思想表达方式的丰富性。

在语言中最重要的"意识古迹"是，语言逻辑结构的函数关系表达了思想运作的约束条件，而思想的约束条件又意味着意识演化的历史顺序。比如说，在人类能够说出"如果…那么…"的逻辑蕴含关系（或与之等价的任何语法表达）之前，绝不可能进行推理，至多能够进行联想（逻辑和），也不可能把特定有效的因果意识转化为普遍有效的理由意识。就这个例子而言，可以"考古地"推论，在语言的逻辑功能里，∧应该历史地先于→。接下来我们将发现逻辑关系里更有趣的历史性。总之，如果人类的初始意识没有经过语言的思维化革命，信号就不可能演变为语言，人类意识就仍然只是心理现象而不可能发展成为思想和精神。因此，我们将在语言结构中"考古地"发现思想是如何成为可能的：什么是思想的发生条件？什么是思想的第一个概念？或者，什么是最早的思想问题？

2 思想之初始状态

反思使意识变成思想，所以，意识革命始于反思。反思状态意味着意识本身既是思想的主体（主语），同时也反身地成为思想对象（宾语），这样就形成了"意识的意识"，思想由此开始。反思是人类思维的特异功能，标志着在意识方式上的人猿揖别（据说生理学上的人猿揖别要早得多），也是人类思维与图灵机思维的本质区别之一。可以说，反思定义了真正的思想，即能够思其所想的"思–想"。在能够对意识进行反思之前，原始人当然也"想"事，却未"思"其所想，并非不愿去思，而是无法去思想。只有当出现超越了特定的刺激—反应模式的开放状态的可能性，所思才生出需要三思的问题：我真的需要这样做吗？如果那样做，会不会更好？假如没有额外可能性（alternatives）的出现，原始人只会理所当然地按千百年的既定方针办。在形而上学意义上，按既定方针办的存在方式虽然有着自然时间上的未来，但日出日落的自然时间上的未来并不具有思想性的未来性（future-ness），只是自然而然到来的未来，并非事先谋划的预期未来，生命的有限性尚未展开为生活的无限性，生命的既定艰辛也尚未变成生活的自寻烦恼，作为思想对象的未来是意识无中生有地创造出来的概念。未来总是尚未存在的事情，虽然不实，却不空，它呈现为存在的可能性。如果未来没有可选择的复数可能性，就等于没有需要反思的问题，也就不需要思想——坚持认为事事应该一切照旧是一种"想"，却不是"思想"，思想必定意味着选择。作为复数可能性的未来意味着时间出现了分叉路径（博尔赫斯的概念），而时间的分叉导致了意识可选择的分叉，思想由此开始。

原始意识所遇到的形而上新问题就是超越了必然性的可能选择。在出现两种以上并列争胜的可能性之前，意识只有一个选项，只具有单一性或唯一性，无所谓选择，也不存在选择的难题，也就尚未形成意识分叉的两者性（two-ness）或分歧性。对于前反思状态，所谓按既定方针办并不是一个选择，而是别无选择。在单选的条件下，作为"想"的意识活动只不过是对所遭遇对象的知觉和反应：与某物x对应的行动a是唯一并且自明的选项，于是，由x引起a就相当于一个自动程序（人类至今保留的许多本能反应就属于自动程序)。在自动程序的意识中,主体,即"我",虽然在场却没有出演,此时的意识无须成为宾语而被反思。只有当出现值得犹豫的至少两个选项a和b时,主体才灵魂出窍而出现在意识的宾语中:我意识到"我正在犹豫应该选择a或b"。不难看出,这里的论证方式与笛卡尔的我思论证大致同构,但所提出的问题却不同。意识的犹豫状态意味着意识必须进入反思状态。

既然反思始于选择,而选择需要理由,寻找理由又需要求证,即试图证明某个选项是更好的选择,于是,选择和求证就在大致上构成了人类的基本思想模式:选择意味着人能够主动提出需要解决的问题,求证意味着人试图创造性地解决问题。可能性超越了现实性,基于可能性去思考世界意味着一种创世的方式,因此,基于可能性而提出问题实际上是在制造问题,既然问题是制造出来的,就同时还需要制造如此问题的如此理由,最后还需要制造整个生活。这意味着,在可能性之中展开的问题、理由和生活都是创作,这个神性的工作使人不堪重负,所以人类生活的所有基本问题至今仍然缺乏共识。为了给生活的选择制造理由,人类建构了神话、知识、理论、规则和标准,最终,所有能解决的问题和无法解决的问题,都会在思想中一一出现,今天人类已经思考了相对论、量子力学、基因工程、人工智能、经济和政治,以及其他所有最复杂的事情,而这一切无比复杂的思考都始于可能性在意识中的出场。

难道可能性不是明摆着始终在场吗？正如人立于地中，四面八方都可以是路。其实并非如此，只有神的眼界才能够先验地看到所有可能性，人视而不见。一切"明摆着的"可能性只有当意识在犹豫状态中才被激活而变成可以自由选择的选项。在意识革命之前，人看到的是万物中一个一个的事物，只能知觉到"这个事物和那个事物"，却不可能想到可能可做的万事，不可能思量到"要不做这件事情，要不做那件事情"。在存在论意义上，可能性藏于"事"中而不是藏于"物"，物本身之所藏乃是必然性，只有当物受到意识的干涉，才会显示为可能性。我不打算说这是一种量子现象，但在比喻的意义上说，意识的干涉才使物"量子态地"呈现出超出"所是"（必然性）的"或是"（可能性）。这是事的时间性加于物的空间性的一个效果。

万物共时而存在，万事却只能历时地一件一件去实现，于是，当空间性的分叉可能性需要化为时间性的排序可能性，就变成了思想的选择难题，即必须考虑造事的先后顺序，或者说，只有当并列存在的万物变成需要安排优先顺序的万事，可能性才成为一个有意义的问题。复数的可能性在意识中形成互相竞争的时间分叉，人类思想的丰富性正在于意识里存在着时间分叉，这是不同解释、不同理解、不同观点、不同文化、不同制度、不同社会、不同价值观的形而上基础，而对万事的不同理解构成了复数的历史叙事和复数的未来预期。在可能性的形而上学里,单数的历史或单数的未来只是幻想的概念,根本就不是真实的历史或未来。人们想象中的实在无穷绵延流逝,被人命名为"时间",只是一个自身同一的概念,并无实际内容。在意识形成时间分叉之前,人的存在既无历史,也无未来,只有一贯性。时间乃自然运动所造,而时间分叉为人的意识所造,就是说,可能性是意识的一种"唯心主义"创造。

把可能性认定为一个唯心的概念,这个理解或许令人不快。聊可安慰的是,这里讨论的只是意识的可能性,并非否认客观可能性。意识的可能性在覆盖范围上大于并包含逻辑的可能性,更大于经验的可能性,就是说,意识的可能性可以是全然荒谬的(想想精神病的意识)。经验论者所理解的可能性是在真实条件约束下的现实可能性,因此其可能空间小于逻辑可能性。逻辑可能性是同一律和矛盾律共同约束下的可能性,凡是不包含自相矛盾的自身一致状态,都是可能性(莱布尼兹原则)。在纯粹逻辑的可能性里,经验论者所不喜之幻想事物(比如金山、飞马和上帝)都是可能的。最宽容的是意识的可能性,它无限制地允许了所有可能性,凡是能够成为意识对象的都是可能的,包括悖谬和幻想的可能性。正因意识可能性的极度宽容,人类才得以思考悖论、自相矛盾、荒谬事物、怪力乱神以及无限性、整体性、连续性和不确定性等很严肃却不可思议的概念。事实上,只有包括悖论和无限性在内的思想才是人类的思想，否则只是程序。这既是人类思想的错误也是其无穷力量之所在。

既然可能性是意识的创造，那么必定存在一个足以蕴含所有可能性的有限思想形式，即某种符号系统，来将"无穷多可能性"呈现为一个有限对象。信号系统显然尚无能力表达可能性，因为信号系统只能表达"是"（或相等）的逻辑关系，而"a是b"结构所能够表达的都属于"给定的"（the given）事物或非虚构事物，不能自由地"给出"（to give）新事物或新关系，也就不能创造任何一个超出现实性的可能世界。在受限于信号系统的原始意识里，对于事物x，仅仅存在一个对应行为a，没有其他可能选项（alternatives）——并非在逻辑上，也不是在客观上不存在可能选项，而是在意识中不存在可能选项。既然信号系统受限于"是"的逻辑关系，也就无法开启可能性。由此可以推想，能够为意识开启可能性的临界点必定是超越"是"的关系的一个概念（或一个符号功能）。只有超越了"是"的关系，才能够超越对应关系而为意识开启一个由无穷可能性组成的因而与有限现实性完全不对称的思想空间，从而使意识进入自由的创造状态，也因此能够提出超越现实限制的任何思想问题。那个超越了"是"的概念就是"不"，准确地说，是一个否定词（可以具体表达为不、非、not等等）。否定词正是信号系统转变为语言的临界点，自从发明了否定词，人类符号系统就告别了信号而变成了语言。

可以想象，在人类能够说出"不"之前，以"是"为构造原则的信号系统只能用于信息传递，无法用于生产思想，因为在可能性出场之前也没有什么问题可想。原始人对互相传递的信息从无争议，只执行发送与接收的程序和信任模式，信号系统表达的全都是"真话"——谎言属于高度成熟的文明和复杂社会。在否定词出现之前，不同理解或不同观点尚未形成，也无从表达，因此，原始人之间的利益矛盾就非常可能直接落实为冲突行为甚至战争了，在尚未产生思想的时代，强权是唯一的真理。利益之争源于"异身"，而否定词第一次表达了"异心"，使异心成为问题，同时使意识内在地生成了商议—对话—争论的"我与他"先验结构，人们开始可能对互相交换的信息发生争议，更准确地说，否定词的出现才使人们生出争议之心。总之，有了争议才需要进一步发展出足够表达复杂思想的语言，才需要发展出构成复合命题的逻辑关系以便制造在思想上说服他人的论说（logos）。在这个意义上，否定词不仅是语言的开端，同时也是思想的开端和逻辑的开端。

似乎有一个巧合：否定词对人类思想世界的启动方式与老子想象的世界生成之道是同构的：一生二，二生三，三生万物。信号以"是"的方式所供给的信息皆是肯定性的"一"，否定词"不"使信息的性质分叉为二，进而开启了一切可能性，三元蕴含了无限复杂性，等于一切可能性。对于人类意识而言,否定词的出现就是一个创世事件,是文明历史上最大的"存在论事件",它创造了思想的复数可能世界。在语言成为语言之前,人居于天地之间,天人合一,所见草木走兽风云山川,人在其中只有生存之事,这个自然世界自身完满,并不需要一个纷扰不安的思想世界。当否定词开启了无穷可能性,意识以此借力创造了一个思想世界,自然万物在语言魔法中被再次世界化,被命名,被分类,被重新组织在语言的世界中,因此有了不同于自然的人为秩序,所以说,否定词所发动的语言革命-意识革命就是在神的创世之后的第二个创世事件,是人对世界的再度创世。假如"无中生有"的创世方式有其神秘谜底,大概就是否定词了:既然否定词是一切可能性的启动形式,否定词就是创世魔法——无论神的创世还是人的创世皆是如此,同样蕴藏着"无中生有"的秘密,都同样以否定性的力量开启了无穷可能性(《周易》、老子和黑格尔以不同方式洞察到这个秘密)。

就其根本性质而言,否定词的革命性意义并不在于拒绝了某种现实性,而在于开启了一切可能性或任何一种可能性。假如原始人仅仅为了表达拒绝,那么,否定词即使不是多此一举,也至多只是略为方便而已。在发明否定词之前,原始人已有多种表达拒绝的方式,比如吼叫、横眉瞪眼、吐口水,甚至诉诸暴力(婴儿在学会以上行为之前还会以哭闹表达拒绝)。可见,否定词的革命性必须超越拒绝的功能才有意义。否定词开启了值得犹豫因而需要反思的可能性，其中的意义如果兑换为逻辑语言，就相当于说，"非"（¬）的发明是"或"（∨）得以出现并且具有意义的前提条件，假如没有¬，∨就没有意义，这对于整个逻辑来说具有奠基意义。总之，否定词使单数的必然世界变成了复数的可能世界，使意识具有反思性而变成了思想，从此，人类以唯心主义的思想去过唯物主义的生活。

否定词的出现是人类生活第一个具有形而上意义的革命。这个革命的形而上要义在于化时间为空间，也就是，通过创造时间分叉而把时间平面展开为同时并存的多种可能性，进而把多样的可能性组织成为多维的思想世界。既然否定词把未来变成了时间分叉，时间就不仅仅是如期而至的流程，而变成了平行的多种可能性，这个革命使得人类开始占有时间并且管理时间，能够决定用时间去做什么或不做什么，去做这件事情而不做那件事情，不再听任时间决定存在，而反过来，以存在去占有时间。同时，人也由"时间性的存在"（existence of temporariness）变成了"当代性的存在"（existence of contemporariness）。当代性的时间意识意味着总是与时间同在而超越了此时，一方面向后建构历史，另一方面向前预支未来，存在不再仅仅是重言式的存在（being），而成为具有古往今来之精神负担的变在（becoming），从此，存在无法以自身之"此在"去自证其意义，而必须在分叉展开的可能性之中去证明存在。当人开始以存在去占有时间，存在就将一半意义付与未来的证词，一半付与历史的证词，于是，存在无法把握自身的意义，这就是以存在占有时间所必须承担的不确定命运：既然否定词开启了存在的复数可能性而使人类开始了变在而在的方式（being in becoming），也就永远面对身前的复数未来，同时留下身后的复数历史。

我愿意说，否定词所发动的人类意识第一次革命，很可能也是最大的一次革命，其后果就是人类的存在有了命运，而是否会有好的命运，这本身也是一个命运问题。假如在这里可以使用"启蒙"的概念，否定词的出现就是人类精神的第一启蒙，而否定词就是第一个思想概念，或者第一个哲学概念。

3 文字的古迹和逻辑的基因测序

把否定词理解为人类思想的开端，这只是一个哲学论证，几乎不可能找到直接的历史证据，因为人类历史开端之时几乎不可能留下有关思想本身的任何实证，至多留下劳动的痕迹。尽管哲学论证并不依赖历史证据，而在于分析的合理性，但仍然可以想象，如果否定词确实是思想的开端，这个意识革命的初始意义或许会在代代相传的历史"积淀"（李泽厚语）中留下蛛丝马迹，或以思想基因的形式保留在现实的某种形式中，其中，最有可能发现的基因痕迹应该存在于文字和逻辑中,因为文字和逻辑距离思想最近,比如说,保留在文字的古迹里,或者固化为逻辑结构。维特根斯坦关于思想世界的界限、语言的界限和逻辑的界限三者一致的论断[1]使我深受鼓舞,或许,我们可以通过文字的"考古"和逻辑的"基因测序"而获得一些旁证。

在时间中不断消散演变的语音几乎不可能保留原初思想的古迹,因此我们只能在比较顽固地保留了初始"逻辑图像"(维特根斯坦语)的象形文字中去寻找思想古迹。汉字是连续不断而仍然存活的象形文字,因而得以部分地保留了思想的原初意识以及初始问题,也就有理由成为思想考古的对象。在甲骨文中,比较重要的否定词主要有4种:非(乑)、不(丕)、弗(甶)、勿(彡)。其中,"非"与"不"是通用性的否定词,可以普遍用于任何否定性的语境,因此更具"思想性"或"逻辑性"的否定意义。与之相比,"弗"与"勿"的否定性似乎有一定的语境限制,主要用于表示"还没有""不能""不要"等意思,属于情态性的否定,而不是逻辑性的否定。因此,在这里我们只分析"非"与"不"所可能蕴含的初始问题意识。

"非"(乑)字是最重要的否定词,其原始象形的隐喻有多种可能来历。按《说文解字》以秦汉文字为准的

---

[1] Wittgenstein: *Tractatus*. 5.6; 5.61; 5.62.

传统解释,"非"字象征鸟类两个翅膀相反之形,暗喻相反之意。但甲骨文的"非"字图像却更像以背相向的两个人,或许表现了因意见不合而以背相向或背道而行的情景。当然也有可能源于别的某种具有相背结构的事物,但这些歧义无关宏旨,无论哪一种可能的象形都同样以相背结构表达了"相反"之意[1],这足以表明,"非"字暗喻了相反或分歧的某种原始情景。另一个重要的否定词是"不"(🐦),"不"字的象形原型比较费解。《说文解字》解为鸟飞上天而不下来,此解反而更加费解了,现代的古文字学家都认为应该是误解。许慎根据的是秦汉文字,或许还见过春秋战国的文字,但没有见过甲骨文,出现误解也不足为奇。目前比较流行的是王国维的解读,他认为从形象上看,其原型似是"花萼"[2],不少古文字学家皆从此说。[3]但此解同样有着突出疑点:从图形来看,甲骨文的"不"字与花萼形状虽有几分相似,可在义理上与否定词毫无关系,甚至不存在可以联想的间接联系,因而难以取信,我们需要另寻线索。有一种可能性是,"不"与"卜"(丫)或有些关系,谐音只是其中一个因素,更具实质意义的是,占卜总会有着两种以上的可能结果,于是,"不"字的原始意义也许是表现了否定性的

---

[1] 参见徐中舒:《甲骨文字典》,四川辞书出版社,2014年版,第1264页;于省吾:《甲骨文字释林》,商务印书馆,2010年版,第78页。
[2] 王国维:《观堂集林·释天》,河北教育出版社,2001年版,第172页。
[3] 徐中舒:《甲骨文字典》,四川辞书出版社,2014年版,第1268页。

占卜结果。"卜"字原型为灼烤龟壳或动物骨头而造成之单边分叉裂纹，由此联想，"不"字的原型或暗示双边相反的裂纹，因而暗喻相反或自相矛盾的预测结果？还可以考虑另一种可能性，"不"（𠀚）字上部的倒三角或许暗喻利器，下部则暗喻分叉刻痕，或暗示着意见或意图之分歧？总之，虽然"不"字的初始意象来历不定，但似乎总与意识分叉的初始问题有关。当然，这些猜测还有待于更多证据和分析。

更重要的是，我们可以在逻辑的"基因测序"中看到否定词的奠基性地位，即否定词是一切逻辑关系之所以具有意义的前提。现代通用的逻辑系统一般使用5个基本连结词：否定（¬，非）；合取（∧，且）；析取（∨，或）；蕴含（→，如果－那么）；互蕴（↔，当且仅当）。如进一步简化，这5个连结词在实质上可以还原为其中2个，比如仅用¬和∨，或者仅用¬和∧，就足以表达逻辑的一切连结关系。在此，否定词的"神迹"显现出来了：化简为2个连结词的任何可能组合之中都不能缺少否定词¬，否则无法实现逻辑功能，或者说，任何二元简化组合之中都不可能排除¬，否定词必居其一，否则无法定义其他逻辑关系，可见否定词的始基性地位。如果非要追求逻辑形式的最大限度简化，甚至还可以把逻辑连结词化简为1个，即谢弗连结词，有两种可选择的化简形式：析舍连结词（｜），或者，合舍连结词（↓）。需要注意的是，无论哪一个谢弗连结词的复合含义中都暗含了否定词，就是说，谢弗连结词实际上等于¬与∧或者¬与∨的一体化。比如析舍连结词（│）可以定义为：p│q=¬（p∧q），合舍连结词（↓）可以定义为：p↓q=¬p∧¬q。[1] 由此可见，逻辑关系中隐藏着先验的形而上结构：在"逻辑空间"中，逻辑连结词是平行存在着的，但在"逻辑时间"中，¬是∧，∨，→的先行条件，如果没有否定词的优先存在，就不可能定义"或者""并且""如果"的逻辑意义。这暗示着，否定词正是逻辑关系中最古老的逻辑基因，位于逻辑基因顺序的首位，而否定词在逻辑时间中的优先性正是否定词在思维发生史中的优先性证据。因此，否定词就是思想和逻辑的第一支点，否定词的出现正是意识进入反思状态而生成逻辑性思维的临界点。在这个意义上，否定词是当之无愧的第一个哲学词汇。

4 否定词的哲学路径

于是我们也需要重新反思哲学的基础：哲学问题的基础真的是系动词"是/存在"吗？或者说，哲学问题真的只能在"是/存在"的线索中发展出来吗？假如把哲学的基石理解为研究"存在本身"的存在论（ontology of being），那么，第一个哲学概念或问题就似乎应该是

---

[1] 刘新文：《谢弗函数研究》，暨南大学出版社，2011年版，第1—2页。

"是/存在"。这个令人乐此不疲的奇妙系动词在印欧语里碰巧具有意义双关性，既表达"存在"也表达"是"，于是，存在与真理就被人为地结合在一起，好像是一个问题互相说明的两面。维特根斯坦敏感到这个过于奇妙的系动词会诱导哲学家们想入非非："是"（is）既作为系动词，可以表示相等关系，又作为不及物动词，表示"存在"（exist），就好像"存在"是一个像"走路"那样的动作，而"这样就容易产生最根本的混乱（整个哲学就充满了这种混乱）"。[1]然而，当这个系动词的自然语言功能被分析转换为逻辑语言，就不再那么意味深长了，不再是暗含"大义"之微言，它所暗示的关于"存在本身"（being）的哲学问题消失了，因为being其实是一个语法现象，并不是一个哲学问题。因此，把哲学建立在being之上就非常可疑了。

有一种看法认为，古汉语由于缺乏相当于"是/存在"的系动词而没有能够产生关于"存在本身"的哲学问题。先秦文字简练，不用"是"作为系动词，而通过语法结构去表达判断和描述[2]，这其实不是语言的缺陷，相反，在某种意义上说，古汉语反而更接近现代数学或现代逻辑的精确表达方式。比如说，"孔子，贤人也"的

---

[1] Wittgenstein: *Tractatus*. 3.323; 3.324.
[2] 关于古汉语"是"的表达方式，沈家煊提出了一种语言学上的深入分析。参见沈家煊：《名词和动词》，商务印书馆，2016年版，第332—363页。

语言结构等价于逻辑化的摹状词结构:"存在着x,x满足（一个人；名为孔子；贤明）的描述。"在数学或逻辑中说到x,就已经默认了x存在（x=x is),就是说,在逻辑上,"存在"是关于某物的多余表达,并不代表一个深刻的问题。只有当涉及事物的数量情况时,才需要加上表示存量的全称量词"所有的"或存在量词"至少有一个"。与此类似,先秦文字使用"有"字在不同语法结构中来表达事物量词,例如,"富有之谓大业"（《周易·系辞上》）的意思是"生长万物就是大功德",其中的"有"指万物,已经蕴含了全称量词;"东有启明,西有长庚"（《诗经·小雅·大东》）中的"有"则意味着存在量词。

　　这里绝非试图论证古汉语的优势（事实上每种足够表达复杂思想的语言都是同样好的,或在表达力上各有所长）,而是想说,语言中的某些语文现象只是文学功能或语法功能,并非暗示了某个普遍的思想问题。比如"存在本身"（being）就是一个在特殊语言中生成的特殊语法现象,并不是一种普遍的思想问题,也不是逻辑语言的一个必要功能,它在逻辑语言中是冗余的,这意味着它在纯粹思想中是可以省略的,或者说,既然x=x is,being就是任何事物所默认的当然含义,既不是一种可分析的独立意义,也不是一个需要争论的问题——任何存在当然存在,没有人怀疑这一点。也可以换个角度来看:假设being是个哲学问题,那么又能对being进行什么有意义的反思呢?能对being说出什么呢?不难发现,being

这个"问题"的答案就是这个问题本身，除了以重言方式说"being就是being"，人没有能力为being增加任何实质意义。being过于伟大，它属于所有和每个存在，它的总体性和无限性超越了任何存在的特定情景，或者说，being是绝对性和终极性，也就无法被人反思——也许只有神能够言说being，对于神，being或是个最有趣的问题，它涉及无中生有的创造；而对于人，being只是当然之义，它超越了任何哲学问题。至于作为系动词的"是"（is），这是有信号系统以来就确定的判断方式，它是形成一切知识的基础，却不是哲学问题，因为"是"指向断定，并不是提出疑问。哲学可以讨论知识问题，可是哲学本身不是知识。哲学曾经被认为是最高的知识，但随着一切知识都转型为科学，哲学早已不是知识了，而转化为对精神的建构。这说明，"是"其实是科学的基础，并不是哲学的基础。作为思想的反思方式，哲学的基础概念是"不"。

问题在于，哲学无法解释自然给定之"物"（things），而只是反思人为之"事"（facts）。否定词没有资格去否定任何自然存在，却可用于否定任何人为之事。关于物的知识以"是"的格式去发现物之所是，而对事的反思则由"不"的概念去揭示道路选择的意义。知识的崇高目标是发现表达为"是"的必然性，而哲学的审慎目的是理解"不"所开拓的可能性，两者各有其功。"是"的思维一旦到达必然性，就无法前行也无须前行了，一旦有了肯定答案,思想就结束了。借用维特根斯坦的发现,"是"的追问必定止于不可说的界限,可是生活的问题都留在了科学的界限之外。当维特根斯坦说出"即使所有可能的科学问题都找到了答案,生活的问题却仍然尚未触及"[1],就等于宣告了"是"的哲学努力之不可能。维特根斯坦这个洞见或许是最伟大的哲学发现之一。

生活问题必须在"不"的方式中去反思。否定词开启的形而上学问题是可能性和自由,其存在论的结果则是制造了有异议的他者。如果没有否定词,就不存在精神性的他者。人类所为之事都给出了一个问号,同时,每件事也都需要给个问号,而当有了否定词,问号就具有了反思的力量——答案是可以否定的——在问号中展开的是分叉的反思意识,而在反思意识中生长出来的是人类历史。从生活、政治、经济、法律到伦理和艺术的所有问题都基于否定词而成为可能并且具有意义。

需要反思之事可以归为两个基本类型:作与述。"作"是对生活的创制,"述"则是对创制的解释(据章学诚的看法,周公是"作"的典型,孔子是"述"的典型[2])。"作"与"述"之间形成互相建构与互相反思的关系,"作"所创制的生活不是一个完成式的事实,永远

---

[1] Wittgenstein: *Tractatus*. 6.52.
[2] 章学诚:《文史通义·原道上》,上海古籍出版社,2008年版,第33—37页。

需要"述"将其观念化和合法化，才得以成为公认规制（nomos）和传统，但也可能被"述"所否定而被颠覆；另一方面，"述"所宣称的观念和传统也可能在新"作"中被修改或颠覆。"作与述"的循环就是解决问题与继续制造问题的循环。马克思发现的经济基础与意识形态的互动，或者福柯发现的"知识与权力"的互动，都是"作与述"的常见互动模式。

虽然否定词发动了意识革命，开启了意识的分叉，从而使人类进入创造性和反思性的生活，但另一方面也制造了不肯消停的分歧、冲突和斗争。这其中暗示着一种神秘的命运：否定词的分叉之声必定引起一种试图化解冲突的回声，否则，意识将无法负担不断互相否定的可能性而导致思想的意义消散。对此，我愿意举出孔子的"仁"为例。如果说，"不"意味着分叉，那么，"仁"就意味着分叉之协调。"仁"并非分叉之合一，而是共在互证之循环呼应。由"不"而归"仁"，可谓一种完美的回声。当然，这并不意味着"不"总能归"仁"，否定词开启的终究是一种不可测的命运。

（原载《哲学研究》2016年第10期）

{二}
动词存在论与创造者视域

引言　先说结论

一般抽象概念的"存在"（to be；being）只有分析性的意义，即存在的重言式：存在即存在。对存在无从提问，其问题即答案，因此，存在不是存在论中的一个问题。作为一般抽象概念的存在限于自身，没有宾语，不及物而无所说明。显然，存在要生出意义就必须落实为及物的行动，成为一个及物动词，因此，存在论中能够形成的所有问题都从及物动词开始。动词具有存在论上的本源性，动词造事而创造了属于自身的宾语，并且使事物具有价值。使存在(being)成为变在（be-coming）的动词是创造性的，动词的核心问题是创制，一切事情都始于创制，秩序、观念和历史都始于创制，动词的问题超越了知识论而形成了创世存在论。人类的存在论身份是创造者，解释人类存在的存在论必定同时是创世论，即创世存在论。在过去，创世论的问题属于神学，但现在属于人，人是文明和历史的创造者。

1 认识者视域

希腊哲学的主要问题基于试图获得超常知识的超常"视觉"冲动。这个出发点指引欧洲传统的主流哲学成为"认识者的哲学"。无论知识论或形而上学甚至伦理学，都以认识者视域去理解。这种哲学视域的局限性在于缺乏创造者视域而错过了属于创造者的问题，因而难以解释人类创造的秩序、价值和历史，无法解释人类的存在论本源。

在认识者视域里，一切问题的预期终点都是真理。如果不能通达真理，知识就无价值，别的事情也就没有价值，就好像真理能够解释一切。然而柏拉图早就意识到知识论会遇到致命的"美诺悖论"："你凭什么探索你一无所知的东西？就算你碰巧遇见了它，你又怎么能够知道，那就是你本来不知道而想知道的那种东西呢？"[1] 就是说，可知的就是已知的，而不知的事情即使遇到也因为不认识它而无法识别，还是等于不知道。这个悖论虽属于诡辩，却无意中触及知识论的一个根本难题：我们无法证明任何一种经验知识是真理，或者说，不存在

---

[1] Plato, Meno, 80d.

一种方法能够证明经验知识普遍必然为真，至多表明其成真概率（而且是非常有限数据中的概率）。关键在于，普遍必然性必须覆盖或"遍历"无穷多可能性，而人类没有能力穷尽无穷多可能性，真理变成了可望不可即的事情。

真理的缺失是知识论的灾难，却是神学的机会。德尔图良指出，对于不可理喻（absurdum）的事实，只能去相信。[1]这给思想指出了另一个方向：终极答案属于神学。柏拉图是认识者哲学的建立者，然而其理念论并不能解决他自己发现的美诺悖论。知识论的难处不在于需要去认识什么，而在于有没有认识的方法。这个困难类似于，宝藏肯定在某处，可是没有办法找到它。这必然引出"人到底能够认识什么"的康德式反思，由此引发了比理念论更有力的先验论，但先验论也仍然不能证明经验知识必然为真。先验论只是说明了经验知识总会呈现为如此这般，但没有证明经验知识的"如此这般"是真的。

---

[1] Absurdum来自德尔图良命题"因为不可理喻所以只能相信"（credo quia absurdum est）。通常译为"因为荒谬而相信"，意思有所偏离。Absurdum的意思是在理性上无法理解，或超出了理性。德尔图良的问题是：上帝之子是不死的，但他确实死了，这件事情发生了，所以不可理喻，然后死人又复活了，这件事情也确实发生了，但在理性上也是不可能的。这些事情虽在理性上无法理解，但确实发生了，所以只能相信。德尔图良认为，即使一个事实是不可思议的，事实已经胜于雄辩。至于是不是事实，就是另一回事了。

知识是由有真值的命题构成的解释系统。其中一类是先验知识,属于逻辑或数学,在所有可能世界里为真,因此是普遍必然的真理;另一类是经验知识。如果对于经验命题存在着可重复而保值的验证方法,这些高可信度的命题属于科学知识,科学只是高度似真,但仍然无法被证明是普遍必然为真。另有一类经验命题缺乏可重复的验证方法,只能形成合情合理的解释,则属于低可信度的经验知识,例如历史学、社会学以及有一点点像科学的经济学。无论如何,在知识行列里望不见哲学,因为没有生产"哲学知识"的方法。然而,认识者哲学另有更高的期许,试图获得与经验知识不同的总体知识或终极知识。但"总体""终极"之类的形容词是空话,没有可落实的意义。其实与作为幻想的"哲学知识"最为神似的是神学想象的"全知"(omniscience),即上帝的视域。全知意味着能够穷尽无穷多的可能世界,这却正是人类所不能。无穷性落在知识之外,仅此一点就证明了"哲学知识"是不可能的幻想,因此,以认识者视域来建立哲学是不可能的。哲学不具备认识终极真理的可操作、可验证、可共度的普遍方法,没有方法就等于什么都没有。

这里不是贬低哲学,而是要在另一种意义上证明哲学的重要性。哲学虽不是知识,却是形成知识所需的思想设置,包括基本概念和基本假设,这些不是知识,而是人创作的观念。人类有两类平行重要的奠基性的创制:

（1）思想和知识基础的创制，包括语言、逻辑、分类学、方法论和基本假设；（2）生活秩序的创制，包括政治制度、法律、伦理、价值观和生活规则等。不过，所有这些创制的合理性都需要一个好的理由，可是奠基性的创制并没有预先的真理，知识问题在此结束了。

2 知识和信仰的循环

终极知识之不可能同时也连带意味着终极价值或终极意义之不可能。维特根斯坦发现，终极意义或终极价值不可说，因为没有与之相应的终极知识。在知识不可能的地方，神学就有机会取得发言权：终极意义或终极价值归于上帝。但神学家关于上帝的"存在论证明"并不成立，引入"完满性"概念并假定完满性蕴含实在性是非法论证，等于结论先于论证。不过"帕斯卡尔赌注"[1]另类地论证了相信上帝的博弈论理由：上帝或存在或不存在，如不信上帝而上帝存在，则可能受惩罚；如相信上帝而上帝不存在，则毫无损失，因此，相信上帝是必然更优的选择。这是最早的博弈论证之一，但被认为是污点论证——以商业思维来理解信仰，毫无虔诚之心，实在德行有亏。我另外发明了一个"心理学"论证：

---

[1] Blaise Pascal, *Pensees and Other Writings*, tr. Honor Levi, Oxford, 1995. pp. 153–155.

如果不相信某种存在,就不会去寻求它,可是人们确实在寻求那种存在,说明已经相信它——寻求意味着事先相信。不过,所有这些论证都不能证明终极意义或终极价值,寻求终极意义和终极价值的行为只是说明了人们需要这种解释,只证明了心理需要,不能证明信仰为真。其实关于信仰的证明不重要,重要的是,信仰总是成为对知识论困境的一个解决:在没有知识的地方,就会产生信仰。

然而,思想从不服气,并不听从信仰。信仰的弱点是,没有一种信仰能够证明信仰的唯一性,在逻辑上无法排除其他信仰,事实上也存在着互相不相信的多种宗教。任何一种信仰都可以被怀疑,这证明信仰不是思想的终点。问题又转回到知识论:信仰不能证明自身,还是需要求助于知识。这里存在着知识与信仰的循环,其循环路径大概如此:知识的隐喻是视觉,在认识者视域里,目力极限是信念,到达信念就再也"看"不到什么了,于是意识方式由"看"变成了"听";听觉是信仰的隐喻[1],"听"就是通过先知的翻译来倾听神的话,后来没有先知了(为什么再无先知?这是神学需要解释的事情),人们通过神父的讲解来倾听神的话。假定神说了

---

[1] 不能确定是谁最早提出视觉和听觉这两个隐喻。保罗·利科讲过,似乎其他人也讲过。利科的大概意思是,希腊是视觉中心的思维,所以求知识;基督教是听觉中心的思维,所以求信仰。

终极真理，可是终极真理超越了人的理解力，不是人能听懂的，所以先知或神父的讲解恐怕是荒谬的。为了假装听懂了神的话，神学提出了解释学，这又增加了难题。不同的人对神的话可能听出不同的意思，却无从证明谁真正听懂了，也无法证明有没有搞错，于是卷入没完没了的解释和怀疑，或许，人的语言恐怕根本没有能力表达神意。"看"（知识）有局限，"听"（信仰）也有局限，无论知识还是信仰，只要宣称覆盖无穷性的普遍真理，就一定经不起怀疑论的质疑。既然不存在关于无穷性的充分知识，就一定有漏洞。

  任何信念都会卷入解释学的困境。奥古斯丁说"相信以便理解"，这个具有号召力的说法其实很含糊。假如相信只是理解的必要条件而不是充分条件，那么，信念就需要知识的证明；假如相信是理解的充分条件，那么信念就需要解释学的理由，以便证明一种解释必然好过其他解释，可是要证明这一点就被迫回到知识。没有一种信念能够抵抗怀疑论，任何信念都能够被转换为可疑的对象。如要抵制怀疑论，坚决相信某种事物超越了任何知识，也没有任何知识可以确定这种事物的身份，这样就必定陷入解释学困境——人们可以随便加以解释。任何"信则灵"的事物，都是可以任意解释的事物，而解释的任意性导致意义的"租值消散"。如果思想局限于认识者视域，就无法摆脱知识和信仰的循环：在知识失去证明的地方，信仰就成为更好的解决；当信仰在解释中陷入混乱，知识就成为出路。只有怀疑论独立于知识与信仰，在其循环之外维持着思想的反思性。反思意味着思想对自身负责，可是怀疑论缺乏建构能力，思想的目的终究不是为了悬隔任何判断，也不是悬隔任何事物。怀疑论的能力止于反思，哲学还需要一个建设性的视域，否则不足以支撑思想。当思想以自反性的（reflexive）方式来反思自身，思想性质就变了，知识问题消失在思想的自反性之中，变成了关于创造的问题，即从"我思"（cogito）转向了"我作"（facio）。

3 创造者视域

认识者视域的局限性在于错过了最重要的存在论问题——人类如何创造性地存在。人类的存在方式意味着存在即创造，因此存在论和创世论在人的存在中是同一个问题。人类没有创造自然，但创造了文明、秩序和历史，而人类存在的全部意义就在于创造文明、秩序和历史，所以说，在人类的存在状态上，存在论和创世论的问题域和意义域完全重叠。因此我试图讨论一种"创造者视域"中的哲学，即创造者的哲学。这并不否认人的认识者身份，毫无疑问，人类既是认识者也是创造者，但创造者是人类的存在论身份，是人作为文明、秩序和历史的本源而获得的存在论身份，正因为人类是创造者，所以成为了存在论中的一个本源问题，而这个问题只能在创造者视域中来讨论。

很久以来,人的创造者身份被认识者身份所遮蔽,可能与宗教有关,也与伦理学有关。在文明的漫长演化过程中,宗教和伦理长期支配了思想,而宗教和伦理都不关心人的创造性。在宗教支配的意识里,创造者是上帝的身份,人只能去认识上帝创造的万物;在伦理支配的意识里,自然之道是天经地义,伦理只能按照天道而成为人道,遵循规则是最重要的事情,也同样忽视了人类的创造者身份。这不是说人们没有意识到人的创造性,而是没有意识到人的创造也是一个存在论的本源问题。万年以来人类的创造惊天动地,不仅创造了映射一切事物的语言,还创造了制度、伦理和法律,还有农业和工业,还有科学和技术,还有兴衰成败的历史。神学的创世论只是无证据的神话,就证据凿凿的事实而言,人类的创造才是唯一的创世存在论问题。即使哲学不曾讨论,人类的创造者疑难问题也一直普遍存在于农民、工匠、数学家、科学家、思想家和政治家的工作之中。

上帝不是实在,但可以把上帝理解为万物本源的一个理论概念。上帝创造世界,这是最大的创造,无有其匹,而人创造的文明、秩序和历史,虽与创造世界相比微不足道,但蕴含着同构的本源问题,任何创造都有相似的存在论性质。如前所言,人的创世才是唯一真实的创世论问题,而上帝创世只是神话。如果把上帝的创世论转换到哲学中来分析，就变成了形而上学，等价于对万物存在的本原想象。上帝只是一个代码，也可以另外命名为物质、精神、自然之道或宇宙原点。代号为上帝的创造者是无从证明的存在论假设，却不是一个存在论问题，可以问，但没有回答问题的方法。如果一种创世论是有意义的，就必须有创造者在场，可以当场证明，可以对质，而这样的创世论就同时成为了存在论。唯有人类作为创造者是当场存在的，所作所为就是当场证词，因此，人类的创造构成了真实的创世论，同时也是在场的存在论，两者重叠。换句话说，创世论需要落实在一个存在论的完整结构中才是有效的，这个存在论的完整结构意味着主语、谓语和宾语同时在场，即创世作为"存在论事件"的每个相关项都不能缺席，创造者、创造性的动词和创造物必须同时在场才能在当场对质中形成有效证词。在这个意义上，人的创造是唯一有意义的本源问题。

中世纪的神学家们苦苦地构造关于上帝的存在论证明，由于上帝不能当场作证，只好逻辑证明，神学家们的证明十分高明，但功亏一篑。神学家关于上帝的存在论证明必须引入完美性（perfection）的概念，同时假设上帝就是一个完美概念，而完美性在语义上包含了一切可能性，也就自动包含了"存在"的性质。然而，且不说完美性蕴含存在是个疑问，更无法证明上帝等于完美概念的假设。这个论证预设了结论，所以是非法的。任何实质前提都无法通过逻辑证明而只能通过存在论的证明而为真，而存在论的证明必须是在场证明。在场的创造者只有人，所以只有人同时满足了存在论和创世论的证明条件。在哲学史上，神学家是最接近创造者问题的人，但所选择的对象，即上帝，却是一个无效假设，因此错过了真正的创造者问题。也许真有万物的创造者——宇宙的设计确实太高级了——但这不是人类能够理解的事情，人类必须谦虚。

创世论的问题都是同构的，都意味着创世性，只是创造的"世界"不同。假设上帝至高无上，那就不可能让人猜中它的心思，如果谁敢说猜中了上帝的心思，就是贬低了上帝，反而证明了不虔诚。类似地，如果谁说理解了"道"或存在的本质，一定是谎言。没有知-道的可操作方法，就不可能知-道。唯有方法是可信的，一切不能提供方法的灵知（gnosis）都是幻想。其实人对上帝之心一无所知，归属在上帝名下的全部伦理原则和价值观都是人的想法，只是借了上帝之名。如果真的虔诚相信上帝，就不能妄议上帝之心。在这个事情上，我倾向于唯名论。但无论唯实论或唯名论都无法证明上帝是实在世界的创造者。神学的创世论在思想语法上不完整：创造事件的主语不在场，谓语不可解密，只剩下宾语（万物）是可见的。所以，上帝的创世论是无法解码的"神迹"（据说物理学终将能够破解宇宙的终极秘密，但这个预期仍然有疑点[1]）。与此不同，人作为创造者没有神迹，但有奇迹，最大的奇迹就是思想的自反性（reflexivity），即思想能够同时成为思想的元系统，通俗地说，人能够反思自己的所作所思，能够自己来解释所创制事物之所是。思想的自反性是人作为创造者与上帝的本质差异。上帝全知全能，按照莱布尼兹的论证，上帝直接就知道哪一个是最好的可能世界，因此上帝不需要哲学，甚至不需要反思——上帝全能而必定有反思能力，但反思对于上帝是多余的。人虽是创造者，却在能力上非常有限，思想和行为错误百出，人可能只是偶尔做对事情，所以人的创制需要不断反思，人必须在思想中建立自反性来解释自身。

在无穷性面前，经验证明永远不够用，于是知识或思想都需要一些"自明的"基本观念来维持思维的系统性和一致性。所谓"自明的"基本观念其实都是假设，而假设在实质上是创作。创作出来的观念不是知识，之所以需要假设或创作，就是因为知识已经触底了，那些基本假设就是知识所以可能的基础，因此，知识论上的自明性却不可能在知识论中被证明。自明的观念看上去几乎必然为真，但并不绝对保险，只是意味着：x 在理

---

[1] 能够统一相对论和量子力学的"最终"物理学理论似乎已经有希望，但仍然有个疑点：大统一理论很可能只是数学化的物理学，而数学上合理的理论却很难被充分经验证明，人类没有能力动用超大能量进行超大规模的实验。也许毕达哥拉斯是对的，万物的终极秘密是数学。

性上为真，并且在可及的经验可能性里看上去都是真的，但无法证明x在所有可能性里都是真的。当然，重言式在形式上是永真的，但仅仅形式为真是不够的，知识还需要超出形式关系的经验命题，在逻辑传递性之外还需要事实的传递性（因果）。自明的普遍命题"偶尔"可以是错的，有可能并非真的普遍必然。欧几里得几何学的第五公理即平行公理看上去是自明的，但不能证明，相反，现代几何学证明了平行公理在真实世界里就并非总是真的，因此有了非欧几何。有趣的是，一些反自明的观念却是真的。康托集合论就经常违背直观自明性，自然数的无穷集合可以完全映射为偶数的无穷集合，这是"荒谬的"，因为"明明"多了一倍。无穷集合可以完全映射为它内部的一个子集，等于说，全体与部分相等，这也是反自明的。更难以理解的是量子力学，几乎完全是反自明的，可是量子力学却很可能是最接近万物真相的理论。可见自明性不等于普遍必然性，只是人在创作基本观念时最容易发现的最显眼路标，非常有用，但并非绝对保险。

　　创制的对象或创作的"资源"是可能性，在理论上有无数可能性，相当于可能世界的无穷集合。与之相应，创制的意识条件是能够表达无数可能性的语言。在这个意义上，语言是人类最伟大的创制。既然任何可能性都可以在语言中表达，语言就预存了无数虚构对象，这对于思想是挡不住的诱惑，人难免胡思乱想。语言仅凭语义足以产生形而上学的诱惑，比如把经验定义为不纯的、变化的、表面的、相对的或现象的，于是就在分类学上暗示着，在经验背后另有纯粹的、不变的、本体的、绝对的、本质的或终极的存在本身，然而这些纯属语言的虚构，除了在语言中，我们从来没有见过绝对或终极的本体。那些"最高级别"的概念只存在于语言中，在语言之外找不到对应物，只是语言的虚构作品。语言的虚构对于思想极其重要，没有虚构就没有思想，就像不说假话就没有太多的话可说。但并非任何虚构的对象都能够成为思想问题。神作为文学故事是有趣的，无穷大在数学里是必要的，但终极或绝对的存在是一个不可能的思想对象，因为不存在能够思考终极或绝对存在的方法，所以只是不太有趣的文学。经验论或分析哲学的看法是有道理的：形而上的对象不存在。它们作为能指符号（signifier）有其涵义（significance），作为概念却无意义（meaningless），因为意义需要所指（referent），可形而上学概念的指涉（reference）是仅仅发生在语言内部的一个功能，并无实在落点，其所指无法定义。

这里并非在怀疑功能性的词汇，相反，功能性的词汇是最重要的词汇，是使思想成为可能的词汇。逻辑联结词（非；或；并；如果–那么；等价于）就是语言和任何思想的根本词汇，我想不出比逻辑联结词更重要的词汇。其他功能性的词汇也同样重要，比如因果、时间概念（先后、时态和时段）、空间概念（各种方位）、无穷大、无穷小等等。所有的功能词汇都属于建构思想的方法，却不是知识对象。"无穷大"并不意味着那里存在着一个无穷大的数，只是表达极限的一个功能或方法，却不是一个知识对象，因为无穷大的数或事物不可能在有限步骤里被构造出来。凡是没有建构方法的概念都不是知识对象。哲学误把许多属于语言的功能概念当成了超验的对象，难免劳而无功。

哲学家试图找到最基本的"范畴"作为建构全部知识的基础。按照康德的理解，范畴是使经验知识成为可能的普遍有效的纯粹概念。最早的亚里士多德的范畴列表有些混乱，看不出范畴如何能够必然地构成知识，似乎更接近叙事所需的语言学要素。康德的范畴表则与知识构成明确相关，主要是对逻辑判断的基本概念略加改造，有4类12个范畴：（1）量：统一性、多样性、总体性；（2）质：实在性、否定性、限制性；（3）关系：实体-偶性、因-果、主动-受动的互动性；（4）样式：可能性-不可能性、存在-不存在、必然性-偶然性。

康德的范畴表虽有条理，但有疑点。实体-偶性（substance-accidents）作为"关系"就有些可疑，并非普遍的思维方式，只是欧洲语言里的特殊现象，在有些别的语言里无效。尤其是，当代科学也不会接受把事物理解为独立实体。必然性和偶然性的划分也有难点，事实上，必然性只存在于逻辑和数学里，并不存在于物理世界或生活世界。真实世界只有相同条件下的可重复性，没有绝对的必然性；因果是最重要的范畴，但也最令人迷惑，直到今天人们还不能为因果给出无疑义的定义，仍然难以确定哪种条件、何种相关性或何等概率能够说明什么就是"决定性"的原因。因此，因果范畴其实是含义不清的概念，其严重性在于，如果在经验知识里不能定义因果，就相当于在逻辑里不能定义蕴含，也就等于我们从来都不能确定什么是知识。因果关系的逻辑表达也有疑问，因果关系通常归入"蕴含"，即属于 p→q 的一种情况，但这个表达会搞乱逻辑关系和经验关系，尤其是不能表明因果关系与逻辑关系的差异，而实际上此两者有着不兼容的性质，并非可合并的同类项。因果并不是真值关系，而是存在论关系，因此——允许我猜想——具有"存在论性质"的模态逻辑恐怕更适合表达因果，比如表达为：存在 x，当且仅当，存在 x 蕴含所有 y。"存在 x 蕴含所有 y"在逻辑上不能证明，显然不能被逻辑接受，但我们似乎不能忘记因果是一个存在论状态，并非逻辑状态，除非能够证明逻辑学与存在论是全等的，这恐怕不能。当然还有漏洞，全称量词下的 y 意味着无穷多的可能情况，而无穷性超出了证明能力，因此应该增加一个约束条件，即"所有 y"是一个有穷集合。无论如何，因果概念是一个尚无结论的开放问题。

举出这些例子是想说明，除了在逻辑和数学里，并不存在能够严格定义的先验范畴，甚至连笛卡尔期望的"清楚明白的"观念都不多。另外也不能指望用经验论来解释范畴，范畴不是经验总结出来的，经验不可能经过积累而显示"隐藏着的"结构，除非人们故意将其中某种关系看成结构，而要把某些关系"看成"结构，又需要预设先验范畴。经验论和先验论似乎在循环，这种循环是知识论思路导致的。其实，思想或知识的基本概念既不是经验生成的也不是先验的，而是人的创制。人为了把观念有效地协调组织在系统中而创制了一些具有秩序性的基本概念，这些概念的有效性就在于其组织能力，或者说，概念即秩序。基本概念总是根据秩序的需要而变化和调整，这种不确定性说明，包括范畴在内的思想基本概念不是知识，而是形而上的发明，不是预先的真理，而是创造者发明的思想秩序——即使碰巧为真，也是发明出来的真理，而"碰巧为真"不是因为自明性，是因为此种秩序碰巧在实践中递归（recursively）为真。

在创造者视域里，创制是创世存在论的第一问题。唯有人才能反思作为存在论的创世论，即"存在如何成为存在"。这非常不同于经典存在论试图讨论的"存在之为存在"。《周易》的系辞（不知何方高人所作[1]）最早意

---

[1] 一种传说认为是孔子所作，或孔子门人所作。没有证据能够证明这种推测是否为真。但从《论语》以及战国时期其他材料里的孔子的"思想形象"来看，《系辞》的主要论题并不是孔子最关心的话题，因此，《系辞》为孔子所作的成真概率恐怕不及别的某些可能性，比如道家（特别关注变易）或墨家（关心制作），不过我更愿意猜想是东周时期佚名的历史学家。

识到"作"的开创历史之功,而"作"正是创造者视域中的第一问题。如前所论,假设有上帝,全知全能,那么上帝之"思"就同时等于"反思",上帝总能够在无数可能性中直接找出最优答案,也就不需要额外的事后反思了。人作为创造者,不仅物理能力有限,认知能力更加有限,人从来难以确定什么是好的,不知好歹是人的本质。正因为人没有能力穷尽无数可能性,所以不可能知道什么是最好的——无穷性是形而上学或存在论的绝对界限——于是形成了人类特有的创世存在论难题:如此创制了这般的存在秩序,却不知是否最优。

假如人类不是作为创造者而存在,任何思想和知识都无意义,也难以有任何推进(这一点甚至可以有生物学的理由[1]),因此,在存在论意义上,创造者身份优先于认识者身份,创造是思想和知识的潜在容量的前提。从认识者视域转换为创造者视域,意味着哲学的反思对象从"所是"转向"所为",哲学的主题从"真理和必然性"转向"创制和可能性"。在创造者视域里,存在论与创世论是同一个问题,不再是两个问题。存在的意义在

---

[1] 除了人类,其他物种几乎不可能突破其物种限度,各种动物也有足够用的经验知识或生存技能,它们的"知识"已经足以维持作为"适者"的生活,再多的知识是多余的,多余的知识意味着多余的耗能,在生物学上是不经济的,所以不可能有真正的推进。类似地,如果缺乏造事的创造性,一种文明也会满足于"足够的"知识、经验和思想,即使经历千年也只有非常微小的推进。

于创制，在于使存在成为存在，或者说，创制的意义在于为存在建立秩序，使存在得以存在。创制就是存在的意义终端，凡是人类不能创制的事物，就是人类的存在论界限。

人只是人类世界的创造者，不是万物的立法者。万物自身的运行法则比人的知识、意志和伦理强大得太多，只要违背万物的法则，人类就会死。启蒙主义的人类中心论就像地球中心论一样自以为是，其实人在宇宙中无比渺小。启蒙主义想象人是万物的知识论主体，还想象每个人具有绝对价值或是目的终端而成为万物的价值主体，如此不谦虚的观点无论在物理学、生物学或其他任何科学上都没有依据。启蒙主义实质上是把上帝的神学复制粘贴为人的神学，因此启蒙主义是一种新宗教。单就生物学而言，假如每个人都是绝对目的而有绝对价值，人类种群必定在无解的互相矛盾和冲突中走向灭亡，或者，假如人人在每种事情上达到平等，人类种群以及文明必定走向失去动力和活力的"热寂"。理想主义对人的期望过高，以至于反而想象了人类的必死之路。与之相反，创造者视域是谦虚的，比日心说更谦虚，就像量子力学一样谦虚。人类虽然创造了人的世界，然而无法完全控制人类所创造的世界的量子式混乱，作为创造者的人甚至不是其创造物的主人。在人的创世存在论中，主题词不是存在（to be），而是行动（to do）。行动之外无存在，因此，存在即行动（to be is to do）。只有改变存在状态的行动才制造了存在论的问题,因此,存在就是去成为一个及物动词。及物动词的存在论意义在于创制,否则只是重复,因此,行动在于创制(to do is to make)。无创制的行动属于生物学过程,与存在的意义无关。创制性的行动必定包含思想,因此,"我作"(facio)内在地包含了"我思"(cogito),"我作"是创世存在论的出发点,也是哲学的出发点。

认识者试图发现自然万物"是"什么样的,但人类生活的存在秩序应该被创造成什么样的,却不是知识论的问题,而是一个与上帝创世有着类似境遇的创世论问题。人创造了自然中本来没有的秩序,以及失序,人是始作俑者,没有现成真理可以参照,这就是创造者必定遭遇的"存在论迷茫"(ontological aporia)。主体性的先验理性不包含关于创造的原理,准确地说,创作没有原理,创造者的思想对象既然不是必然性而是可能性的无穷集合,就必定包含永远的不确定性,而创造者本人就是最大的不确定因素。人是不靠谱的创造者,没有充分的理性,甚至经常非理性,即使有理性也不够用,理性无法处理的事情太多。但无论如何,既然创造了文明秩序,人就必须解释为什么"应该是"这样的,或者说,如此这般地创制了如此这般的存在秩序,到底是否合理?是否最优?这不是一个关于真理的问题,而是寻求最好可能世界的创世论难题。

创制一种秩序就已经创造了这种秩序之"所是",创造者必先有这种秩序"应该是"的概念才能够创作这种秩序之"所是"。创造者以创世论的方式思考了可能世界之"可能是",同时以价值论方式选择了"应该是"的可能世界,然后以存在论的方式实现一个可能世界。因此,在创世存在论里,可能性先于应然,而应然(ought to be)先于实然(to be)。这意味着,当人以创造者的身份来思考和行动,就颠倒了从必然性到可能性的逻辑语法,也颠倒了从实然到应然的存在顺序。这一点可以理解为另类地解决了休谟问题,即实然推不出应然。这个解法并非去证明实然能够推出应然,而是另外证明了,被创制的事物预先蕴含了设计这个事物的价值选择,其"实然状态"已经内在地包含了"应然状态",也就不用为推不出应然状态而苦恼了。于是,被创制的事物的存在论语义是"应该如此-那么如此",相当于从"应然"推出"实然"。但愿对休谟问题的这个迂回解法不让休谟失望。

形而上学中另一个关于本体与现象或本质与现象的疑惑,可称为"存在论的隔阂",也在创造者视域里消失了。这个问题源于柏拉图的理念与经验事物之分,后来经过怀疑论的质疑而在知识论里演化为"事物本身"(相当于康德的自在之物)与"经验现象"的隔阂。怀疑论提出了一个深刻的质疑:事物看起来(appears)是如此这般的,但没有任何办法知道它本身是(is)如此这般的。造成这个存在论隔阂的原因来自一些如此的形而上假设：（1）事物本身及其本质。这是毫无证据的纯假设；（2）事物本身的独立规定性，即本质，在经验中不能"被给与"（given）经验者。这也是一个无证明的假设。据说给与我们的只是一些不能说明事物本身是什么的感觉材料（data）。这个存在论隔阂制造了一个形而上学的悬念：在我们能够知道的事情背后有着永远不知道的真相，即定义了一个事物如其所是的本质，于是自在之物就成了知识论的心病。在认识者视域里对这个难题的最好解决是胡塞尔的理论。通常假设，事物本身为x，x意味着外在的客观性。胡塞尔证明了，虽然主观性无法触及x，但意向性能够"构造"一个内在于主观性的绝对客观对象（x），有了（x）就已经形成了意识的完整性，也就无须为外在未知的x而烦恼了，因此，关于自在之物的任何断言都可以被悬隔而不影响意识。这个知识论的解决虽然优美，但有个局限性，即终究无法解释我们身在其中的外在世界。放弃对外在世界的解释不等于问题消失了，显然，在思想上可以悬隔外部世界，在行动上却没有办法悬隔外部世界，外在性始终是一个顽强的挑战性问题。

即使有了科学，我们还是难以确定事物本身是什么样的，比如不敢说事物就是量子力学描述的那样，因为事物的量子状态只是量子力学的理论和观察方式的结果，未必就是事物"本身"。但是，通过创造者视域却可以给出一个论证来消解存在论的隔阂：（1）在创世存在论里,本来就不存在事物本身与现象的隔阂,也不需要这个切分;(2)事物本身与现象的隔阂其实是一个伪问题。既然创造一个事物意味着创造了其所是,那么一个事物的本质就是设计这个事物的创意,就是说,"我作"已经内在地定义了"所作"之所是,那么,人创造的事物就直接给出了这个事物的本质,其本质完全涌现于这个事物的"在场性"(presence)之中,无所遗漏。维特根斯坦的"鸭兔图"无形中提供了一个好例子,不过他以为这只是关于主观认知的事情。心理学也发现了大量类似的知觉例子。这里我想借用一个最简单的例子来说明,至少被人创造出来的"存在事实"是充分被给与的,本质完全涌现在其"在场性"之中,就是说,在场(presence)就意味着完全呈现(fully presented),无所隐藏。图形如下:

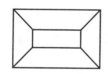

这是一个由线条构成的事物,线条的构成方式就是这个事物之所是,不多也不少,等价于定义了这个事物"是这个事物"的创意或设计,这是无所隐瞒的完全在场,没有背后的秘密,如果有,就是主观添加。这个图形的完全在场已经是这个图形的充分意义,相当于这个图形的本质已经"被给与"了。尽管在不同的主观知觉中,这个图形可以"看成"是凹或凸的,但这些不同知觉并没有隐瞒这个事物的本身，无论看到是凹还是凸，都看到了这个图形同样的线条构成，就是说，每个人都看到了图形本身，只是理解不同。这说明了，本质并不在现象之外。进而可以发现，本质与现象的区分对于确定这个事物并无意义，相较而言，"体用"之分或有意义。体是一个事物的在场，用则是体相对于某种需要或理解的函数。比如这个图形本身是体，被看成凹或凸是用。在创造者视域里，存在论的问题与体用相关，而本质和现象之分是冗余概念。

更重要的视域变化是，在创造者视域中，存在论并不研究"存在"，而研究"潜在"和"变在"，因为存在已经存在，并且，存在就是存在，存在解释了自身，不成其为问题。潜在意味着可能世界的集合，蕴含一切未来，变在把未来变成存在，把时间变成历史，这就是需要解释的事情了。所以说，"存在"不是问题，而是问题的分界线：事物存在之前的创造问题属于哲学，存在之后的知识问题属于科学。从创造者出发的思维来看，创世论与存在论必定是合一的，这意味着，如果一种存在论是有意义的，就必须同时是解释人的创制的创世论；如果一种创世论是有意义的，就必须同时是解释人的秩序和历史的存在论。人的存在状态直接实现了存在论与创世论的合一：人创制了存在的秩序，同时又被自己创造的存在秩序所定义和支配。这是自相关的循环关系，主体-客体的对峙结构在此消失了。主体性和客观性之分只在认识者视域里有效，而在创世存在论里，人所做的事情不具有独立于人的客观性，而是属于人的存在方式，人也不具有独立于事情的主体性，而是在所做的事情中成为如此这般的人。人与人的行动是一体化的存在论事实，人就是人的活动，不是别的，只有动词的人，没有名词的人。

4　名词思维与动词思维

在名词思维和动词思维之外没有思想。

名词思维试图通过研究概念去理解事物。研究概念不仅是为了研究事物，更是规定了事物，即以名定实。概念研究的理想目标是获得无懈可击的定义，尽管未必能够做到，通常只是建立对意义的理解。名词思维的聚焦点落在概念化的事物之上，及物而不及道，即拒绝"变化"，因为定义要确定的就是事物的不变本质，或者说，名词思维试图解释"什么是什么"。"是"意味着确定性的定义，诸如世界是什么、心灵是什么、意义是什么等等。一个事物，当说它是什么，就预设了一个有着封闭边界的存在及其不变的本质——定义的意思就是确定一个事物的存在论边界。如果名词所指的那个事物确实存在，定义就是关于那个事物的浓缩知识或至少是知识的索引。

然而，在变化或不确定性的维度里，名词的定义破碎了。关于实在，不可能有超出科学的另一种知识，我们不可能在科学之外"哲学地"描述实在。有的名词甚至只是一个功能性的抽象概念，并无实在对应物，其意义只在语义解释，不属于哲学而属于语言学。名词的语义解释是思想关于自身的语言学知识，但很容易被误认为是哲学，然而终究有其根本差别。关于实在的知识描述了对象，而关于概念的解释讲解了观念，这种讲解包含有逻辑的工作，更主要是语言学或符号学的工作，或字典的工作，甚至还有文学，但都不是哲学。分析哲学一度相信，只要逻辑地澄清了概念的意义，多半的哲学问题就消失了。这个看法或夸大了逻辑分析的作用，但不失为真知灼见。确实，在名词思维的空间里不能化归为逻辑、语言学或符号学的哲学问题并不多，这说明名词思维没有切中哲学问题的要害。

名词思维容易形成名词崇拜。唯实论式的名词崇拜就产生了一种存在论的错觉，以为定义了一个名词就会有相应的存在及其性质，类似于相信上帝说什么就有什么。进一步的误导是，既然名词定义了实在，那么只要重新解释了某个名词就改变了实在的身份，相当于，说什么是什么，那就是什么。这个思路就比较危险了。这种概念唯实论（conceptual realism）在今天颇为流行，以为重新定义一个概念就等于改变了事实。假定我们决心为精神病人换一个不会引起歧视的名称，于是以"与众不同的人"来命名精神病人[1]，但事实并未改变。对精神病人的这个定义其实很高明，但大量以"政治正确"为理由的重新命名却是笑话，比如把智力偏低的人命名为"智力受到挑战的人"，反而是个过于醒目的标签。"以名乱实"最终只是乱了名和思维，而事实还是事实，未曾改变也无法改变。

名词所指的事物，比如"如此这般的事物x"，并不因名词而存在，也不因为摹状词"如此这般"就真的如此这般。名词必须被理解为一个假设，而不是一个证明，相反，是需要被证明的概念。从奥卡姆剃刀到罗素的摹状词理论和蒯因的"存在论承诺"已经说清楚了这个事情，无须多论。就是说，名词的所指都必须加上"假如"，即"假如有如此这般的事物x"。如果省略了"假如"，就可能产生伪问题，就会以为给名词加上问号就等于产生了一个存在论的问题，比如，存在是什么？这个听起来很高大上的问题的答案只能是重言式的"存在即存在"，不可能从"存在"本身分析出更多的意义。事实上，"存在"是一个语法功能，不是一个思想问题——存在是存在的唯一答案，问题即答案，说完了。

名词并不必然蕴含问题，而动词却一定产生问题。

---

[1] 这个例子有真实原型。我曾经问某精神病院的院长，如果不用听不懂的专业术语，在本质上到底什么是"精神病人"？院长思考良久回答说："与众不同的人。"表面上好笑，其实很难想出更高明的定义。

动词意味着变化，意味着发生了一个操作而把一个存在状态变成另一个状态，因此，变化即提出问题，于是有理由追问为什么、凭什么、怎么办、接下来怎么办。就"思想语法"而言，问题不在名词里，而在动词中。需要反思的事情归根到底事关"做什么"和"怎么做"，而不是关于"有什么"——那只需要知识。关于事物的问号终止于描述，那里有知识性的答案而不是形成一个哲学问题，正如分析哲学相信的，如果描述是充分的，就没有留下什么问题。哲学的问题始终粘贴在动词上，动词的下一步还是动词，是无穷过程，意味着哲学问题的后继还是问题，不存在一劳永逸的答案，严格地说，哲学问题都没有答案。"思想语法"不等于语言的语法。"在语言中思想"不等于"按照语言在思想"，否则说话就等于思想了。思想的逻辑与行动的逻辑才是一致的。

　　名词不能证明实在，而动词创造事实。动词思维意味着把思想的问题落实在动词上，跟随动词去思考，拒绝"名过于实"的诱惑，动词干什么，就去想什么，动词到哪里，思想就到哪里。那些不能还原为逻辑和语言学的真正哲学问题都与动词有关，都是对人类创制行为的反思，尤其是对人类所创制的存在秩序的结构和基础设置的反思，包括语言、观念系统、方法论（逻辑和数学）、知识系统（科学、人文与社会科学）、价值系统、政治制度、法律、伦理、艺术。人类创造性地把秩序加于存在之上，人类的所有伟大成就在此，但人造的所有困境也在此，因此所有需要反思的问题也都在此。人类创造了存在的秩序，其合理性或可靠性并无先验真理为依据，就是说，秩序的基础并非预先的或先验的真理，而始于解决某种问题的创意，因此，秩序的基本概念、基本假设、价值观和构造方法并非普遍必然有效，都需要不断反思，而对观念基础的反思失去了知识的参照系而形成自反性的思想，凡是进入思想自反模式的问题才是哲学问题。

发明逻辑的亚里士多德几乎是发明知识基础的第一人，而康德全面反思了知识的基础。康德相信，生成知识所需的"范畴"都是用来生成判断的，没有判断就没有任何知识。作为判断依据的"范畴"并不是三段论之类的形式规则，而是比逻辑推理更基本的判断性概念。范畴不是形式性的，而是实质性的，所以能够产生知识。康德试图确认范畴是先验的，先验性几乎等于合理性或真理性，这样就能够保证知识具有可信的实质。先验论很有用，但可惜不够用，而且有疑点。

首先，先验论不能证明自身是先验的，就是说，先验论无法自证所设定的先验系统本身是普遍必然的。先验概念应用于经验的普遍性并不等于系统自身的必然性，其实在逻辑可能性上总是存在着替代方案，比如说我们无法排除外星人另有不同的思想范畴系统，很可能比人类高明得多，甚至将来的超级人工智能的思想范畴也或与人类有着差异。这意味着，先验论的思想范畴缺乏唯

二 动词存在论与创造者视域

一性的证明，因此，思想有可能是另一个样子（博尔赫斯就想象过不止一种"其他思维"）。另一个疑点是，先验论无法证明设定的先验系统具有充分或完备能力。或许一个先验系统对于经验似乎总是有效，但无法以有限经验反过来证明所有可能的经验都预设了那个先验系统的普遍有效性，两者之间有着距离，是无穷性与有限性的差距。普遍必然性是全称，而全称的经验意味着无穷性。对于无穷性，经验论愿赌服输，而先验论也绝无把握，无法自我证明对于全称经验有着必然有效性。尽管逻辑规律是最典型的先验原则，但也未必普遍必然，比如排中律就显然并非对所有可能情况有效，在两个命题没有构成矛盾的情况下，就不能使用排中律；矛盾律比较坚实一些，但也未必普遍必然，矛盾的概念本身就存在着张力，在绝对的矛盾之外似乎存在着一些似是而非的情况，比如我会疑心1和-1并不属于矛盾，美和丑也不是矛盾，甚至矛与盾也不是矛盾，而在量子现象那里，事情就更令人迷惑了。严格的矛盾恐怕仅限于"是与不是"，可见矛盾律的适用范围十分有限；即使最坚实的同一律，也并非完全没有疑问。同一性是名词思维的基础，但也是一个有张力的概念，对于动态事实就不容易确定同一性，在高维时空（五维以上）那里就恐怕需要修正表述。逻辑是静态的，当用于思考动态的事情就有局限性。理所当然的事情未必普遍必然。

逻辑和几何学对欧洲哲学影响至深，逻辑学和几何学的构造方法成为了建构可信知识基础的榜样。知识论理想主义的极致是公理法,即选定有限的基本概念来定义论域;选定有限的演算规则以便必然生成合法命题;根据基本概念和演算规则,直接获得一些"自明的"公理,剩下的所有真命题或定理都能够必然地推出。如此完美的理想系统绝非哲学所能,但肯定是哲学心目中的真理模板。然而这个真理模板要求太高,不仅哲学做不到,科学也做不到,无懈可击的真理只存在于逻辑学和部分数学里。这个事实暗示着,除了纯粹形式的真理,未见实质性的绝对真理。也许不敢说实质真理肯定不存在,假如有上帝,就会有实质真理,因此莱布尼兹别出心裁地提出了一条逻辑学不愿接受的逻辑规律,即充足理由律。满足充足理由律的命题就是实质真理。为逻辑学家所嫌弃的充足理由律的确不属于逻辑规律——莱布尼兹把它归错类了——而是一条存在论定理,它迂回地提示了一个问题:人类创作的事情恐怕都缺乏充足理由。对于人类创制的秩序,不存在先验真理,人创制秩序,即使深思熟虑,也仍然在某种程度上是盲目的,因为不可能事先知道其后果,更无法预料连锁继发的长期后果,但事情做成了就创造了一个历史性的既定事实,这个事实虽然没有必然之理,却形成了此后必须继续解决的问题,而对问题的有效解决就形成了某种后验真理。这意味着,生活世界没有先验真理,但人类通过创造事实而创造了并非必然的后验真理,于是,创制先于真理。与人类不同，对于掌握充足理由律的上帝，创制即真理，两者完全重叠。人类的基本问题正是缺乏充足理由的创世论问题，人类的存在论不能证明绝对真理或终极真理，只是在动词中无限前行，且听任创制先于真理。

　　动词哲学不是反对名词，而是以动词去理解名词，其视域围绕着"造事"（facio；to do/to make），因此与名词哲学的视域有所不同。名词思维关心的事情或是"所看"（知识论），或是"所听"（神学），或是"所思"（现象学），或是"所说"（分析哲学或解释学），这些问题都很重要，但归根到底要由"所做"来说明。存在就是在动词中存在，而只有动词能够改变存在状态，这意味着存在论优先于知识论。即使在知识论里，看、听、思、说也都是动词，正是看、听、思、说的动词决定了所看、所听、所思和所说。显然，动词优先于名词，而且决定了名词的值域。对于人类而言，"任何一种可能的形而上学"（借用康德句式）与形而下的实践值域是一致的，存在论与创世论是同一的，其根本在于解释"动词"如何创造"名词"，解释如何创造秩序、观念和历史，解释人类如此创制语言、制度、法律、伦理、国家、历史、科学、技术以及精神世界的理由、意义和价值。

　　动词有着具体性，一个动词无法单独说明一个事情，更无法说明事件的无限链条，因此动词哲学不承认普遍一般的先验原理或先验概念，而要求方法论的在先性。看法必须落实为做法，名词必须落实为动词，否则无法证明其意义和价值。名词思维按照语法-逻辑概念系统去思想，顺着逻辑阶梯就很容易（太容易）走到想象的普遍原理，那里只剩下纯粹概念，可是什么事情也没有发生。逻辑空间里没有事情，对于逻辑来说，纯粹思想空间是美景，对于哲学却是荒野。清清楚楚地说明"什么是什么"只是哲学的逻辑和语言条件，仍然没有触及哲学问题。即便把存在、世界、心灵、时间、必然性、经验诸如此类的概念定义得绝对清楚（其实做不到），也没有解决这些问题，只是编辑了一部哲学字典，这只是哲学的准备工作，何况哲学一直在编辑的"字典"尚未成功也未必能够成功。

奥古斯丁早就发现，像"时间"这样的概念说不清楚，事实上至今也说不清楚。说不清楚的概念似乎远多过能说清楚的，而真正重要的概念就更不清楚，例如因果，至今没有完美定义。并不是哲学家的教导才使人们学会了时间、世界、因果和永恒的概念，人们更不是由于哲学家的启发才有了真假善恶的价值观，相反，基本观念是生活的原生构成部分，哲学只是"引用了"那些基本观念。生活是动荡的，观念也是动荡的。

可以讨论两个例子。大多数人实际上都相信事物是客观外在的，这个平常信念被提升为哲学观点，就变成了客观主义。于是引发了与之争论的主观主义，万物皆经验，似乎也能自圆其说。客观主义和主观主义在哲学中似乎值得一争，但奇怪的是，这种分歧在生活中却不重要。无论客观主义还是主观主义都不能改变必须要做的事情，该做什么还做什么，该怎么做还怎么做。主观主义的科学家和客观主义的科学家发现的科学原理是完全相同的。这说明，许多哲学观点对于科学是多余的，不是有效变量。换另一个例子。按照形而上学观点，事物是必然的或偶然的。但这个观点的参照系是非常有限的人类经验知识，因此世界显得如此。假如参照的是"上帝视域"，上帝浏览了无穷多的可能性，把所有变量计算为一个无遗漏的系统，那么任何事情恐怕都是必然的；或参照科学视域，事情如此发生，我们看到了概率，但不能因此说事物本身是必然或偶然的。科学观点或日常经验观点都是有用的，唯独"深刻的"哲学观点没有用处，其中一定有什么需要反思的问题。

在此可以发现一个后分析哲学的思想真相：即使澄清了所有名词，仍然尚未进入哲学问题，哲学仍然在起跑线上，我们仍然难以判断哪一种制度更合理，哪一种权利是普遍正当的，哪一个观念系统是真正可信的，或哪一种生活方式更有利于人类存在，诸如此类。在认识者视域里，哲学苦苦研究真理，然而惊人的事实是，有了逻辑、数学和科学之后，真理就不再稀缺，假如需要的话，真理可以无穷供给。"秘诀"在于：只要给一个陈述增加足够多的限制条件，最终肯定能够把它限制到必然为真——但同时也失去思想价值，比如"此时此地我正在说这句话"，虽然为真，却是废话。当所有命题都通过增加约束条件而变成真命题的情况下，名词视域里的哲学问题就几乎消失了。分析哲学就经常使用"增加约束条件"的技巧，这个技巧能够点铁成金地使每句话都变成真命题，但结果是，思想问题消失了，说清楚了就没什么可想的了。命题的真理性与约束条件的增加成正比，而其思想性与真理性的增加成反比，当一个命题通过约束条件而变成绝对真理，其可信度达到极值，而思想性缩水为零。一个事情必须在完全说清楚了之后仍然是未决状态才形成哲学问题。当思想从"看见什么"和"说了什么"转入"创制什么"以及"如此创制是否合理"才进入哲学的疑问，或者说，即使所有名词被澄清后仍然未被触及的动词问题才是哲学的疑问。

名词思维通过澄清名词的意义为思想准备了"地图"和"字典"，而动词思维才开始真正的反思。当"所思"指向"所为"，名词落实为动词，才抵达人之存在本源。不能被动词所解释的名词是虚拟的，不属于存在论，或属于文学和诗。当存在实现为行动（to be is to do），就开启了动词思维，并且在创造者视域里展开为创世存在论。存在有着多重展开方式，从数学和逻辑里的一般存在（to be）到物理或生命的实质存在（to exist），再到创造者的造事而在（to do/to make），其中只有造事而在的问题属于哲学。动词蕴含苦难和艰辛，蕴含开天辟地的创造，蕴含成功和失败，蕴含秩序和失序，蕴含不可思议的事情，蕴含不加反思就可能会死的问题。没有苦难和困惑的事情不值得反思，人类的存在主题一直都是包含苦难和困惑的未来，存在论研究的是已经沧桑而仍然奋不顾身进入未来的动词。

5　反客为主的创造物

逐步成熟的创造者必定遭遇创造物反客为主的问题：创造者被自己的创造物所再造和控制。这意味着，创造者与创造物之间形成主导权的换位。创造者为自己创造了文明，而文明反过来又再造了文明的创造者，这证明人是一种自相关的存在。人的秘密都存在于人的创造物之中，人把文明创造成什么样，人自己就被创造成什么样，创造物反过来定义了创造者的存在方式。人类不可能知道并定义人是什么，人对人的定义无效，人是永远具有未来性的概念，人类在"创世"中创造自己，人是历史性的存在和概念，往事无法定义人，永远的下一步才是人的真面目。人类没有抽象面目，没有先验自我，没有永恒本质，只有作品，即人的创造物，创造者只能通过创造物来反思自身。

创造物并不是人的附属品，创造物被创造出来之后就产生了自主性，有了属于自身的要求和权势，而且，创造物越对人有用就越对人有反作用，对人越重要就越反过来支配人，人类越来越依赖创造物，以至于被创造物全面控制。人类的创造物越伟大，人就越渺小，可是如果没有伟大的创造物，人就弱小到失去存在位置。人类通过创造语言、生产工具、科学和技术、思想和知识、交通和通信手段、政治制度、法律和伦理而再造了自身，而且不断被改造。这是一个存在论的"反客为主悖论"：创造物反过来再造并且支配了创造者。在这个自相关结构里，创造物既不是主观的也不是客观的，而与创造者有着平等对称而互相决定的存在论地位。创造者是创造物的本源，而创造物反过来再造了创造者，因此创造物也是创造者的本源。

创造者以一切可能性为思想对象，选择何种可能性就是创制的核心问题。如前所论，人类的存在不是纯粹的"存在"（to be），存在总在造事（to be is to do），而作为创造者，造事意在创制（to do is to make）。在创世存在论中，存在论的顺序发生了颠倒：现实存在是被创作出来的，所以动词先于名词。人类的创制是一个自设的局，在创制现实的同时给自己制造了难以解决的问题。动词就是道，道路既是通途也是限制，人创造了所在的现实，就不可能从自己创造的现实里脱身——已在道上——人自由地选择了不自由。动词必定是限定做某种事情的动词，因而动词是不自由的，只要做任何事情，就被这个事情所限制。自由不是人的本质，而是人用来兑换为存在的资本，人类只有不自由才能够有所创造，而有创造才得以从没有摹状词的纯粹存在（being）变成可描述的实在（existence），即成为"如此这般的存在"的存在，准确地说,只有创制了如此这般的存在才成为"如此这般的"人。因此,人在于动词,动词定义了人。

创造物和创造者形成了"互构"的对称存在,于是,创造者与创造物也是可互换的主语和宾语。人作为创造者是创世论里的主语,但创造物反过来再造了人类,因此,创造物是存在论里的主语。既然创世论与存在论是同一的,创造者和创造物就形成了自相关的关系,互为主语和宾语,不可能化归为知识论里各自独立的主体与客体关系。认识者哲学里的"人"是假人,主体被假定为不变的先验自我,这种想象并不能赋予人以绝对价值,反而把人定位为事物——凡有不变同一性的存在都是"物"。不变的先验自我把人变成了物,人就提前死了。尼采认为人成为主体,上帝就死了。可是人也死于绝对独立而孤立的主体性,死于对上帝的复制粘贴而把人变成了自己想象的偶像,而偶像化的人不是活人,人与上帝同归于尽了。在另一个方面,知识论把创造物当成客体或被动的认识对象,创造物也就失去了精神或思想意义,也等于死了。认识者哲学的标准知识模板停留在牛顿力学,尚未良好消化生物学和量子力学,无法表达创造者与创造物互为主体或互为客体的"奇怪"关系。

作为创造物的文明事物可以被分析、研究和解释,但不是"良好的"知识对象,因为创造物自身过于活跃而缺乏必然性、稳定性、确定性和规律性。以文明事物为对象的社会科学不可能成为科学,即使把科学方法应用于社会科学，也无法把社会科学变成科学，因为文明事物具有测不准的自主性。非自然而具有历史性的文明事物只能被解释。文明不仅具有历史性，更"奇怪"的是，甚至具有生命性质。文明是活的，具有非常强大的主体性，因此有能力反过来再造了人。作为创造物的文明不是外在于人的客体，而是与人共在的存在，人与文明互相寄生。文明是创造者给自己布的局，创造者创造了文明就身处自己创造的局中而变成被创造者，于是，人与文明之间甚至形成了权力之争，正如马克思发现的，经济制度是支配人的权力，而福柯进而发现，话语也形成支配人的权力。

动词是本源性的存在论事实，同时双向地创造了创造者和创造物。创造物并不具有独立于人的"彼处性"，不在宾格中，而在所属格中，因此，文明事物是"我们的"才具有意义，同时，人也不是独立于创造物的主体，而是属于文明的存在。文明与人具有同构性，是人的化身，或反过来，人是文明的化身，这两种表述同时成立。文明长成什么样，人就长成什么样。如果把人看作一个完成式的形而上学概念，就是把人看成物，以为人有个不变的形而上自我，因此才会提出"人是什么"的问题，于是人缩水为一个知识论对象。事实上只要人类一直在创制，人的性质就具有未来性，"人不是什么"才是有意义的问题。"不是什么"是人的存在常态，既是本源状态也是未来状态，更是问题化的状态。

这个问题化状态意味着人是个没有结论的问题。笛卡尔的公式"我思故我在"(cogito ergo sum)其实要比胡塞尔的改进版公式"我思其所思"(ego cogito cogitatum)更具当代性。胡塞尔假定了不变的形而上自我(ego),而笛卡尔只承认动词性的我思(cogito)。不过,笛卡尔的我思只是证明了意识本身,却不能证明任何客观性,也不能解释我思的建构性。在这个方面胡塞尔则强过了笛卡尔,胡塞尔成功地证明了我思建构了意识内在的"客观"对象,但也仍然无法说明外在事物。如果不能说明外部世界,人就变成无处可在无处安身的幽灵。因此,我们需要一个同时建构意识内在性和事物外在性的动词,即一个"内外通吃"的动词。"我作"(facio)正是兼备内在性和外在性的跨界动词,同时创造了思想和事物。"我作"的观念谋划落实在外在世界,创造了事物或事物的秩序而占领了外在性,为"我在"创造了真实的存在论场所,于是,"我思"不再是流浪的幽灵。如果不能证明存在有其"所在",存在就是空话;如果存在没有落实为创造性的动词,存在就无法说明自身之外的任何事情,或者说,如果存在不是一个及物动词,就什么也不是。所以,在存在论的意义上,动词先于名词,"做什么"先于"是什么","我作"定义了"我是"(facio egro sum)。

我们已经明确了,动词具有存在论上的优先性,就在于动词改变了存在状态。如果存在没有变化,就没有形成需要思考的问题,变化就是问题——这是始于《易经》的洞见。然而不可思议的事情是，人类有能力制造问题，却没有充分能力来解决自己制造的问题。人类制造问题的能力大于解决问题的能力，创造力与解决能力之间的不对称迫使人类只能以继续创造而制造新问题的方式来"解决"旧问题，因此人类被迫始终处于创作状态才能够继续存在，而继续创造意味着提出更多新的问题。因此，人类没有希望达到普遍必然的存在，历史也不可能终结，只是从一种可能性到达另一种可能性，始终存在于可能状态里，既没有"必然王国"也没有"目的王国"。

普遍必然性貌似知识论概念，实为形而上学概念，因为在经验知识里不存在普遍必然性。普遍必然性的条件是莱布尼兹定义的"在所有可能世界里为真"，那是逻辑和数学的世界。人存在于"低维度"的现实里，人创造的可能生活有属于人的秩序，但秩序不是真理，而是对自由的限制，是人作茧自缚的生活事实。人创造了约束自己的秩序，因此创造者成为创造物的囚徒，人也因此经常反抗自己创造的秩序，不断自我提醒始终面对的"创造者难题"：人何以判断所创造的秩序是合理或是好的？这个自反问题的极致是，价值标准也是人自己设定的，并不存在客观标准。所有哲学问题都与此自相关问题相关。如果"我思"思考的是外在事物，就产生知识；如果"我思"思考的是"我作"，就形成自反性的思想，即人对自己的解释，于是产生哲学问题。

创造者和创造物的互相建构意味着两者互为自变量和因变量。人类的真正难题并不是"上帝死了"之后出现的主体自由难题,而是与上帝并列而同构的"创世"问题。人类苦于能力有限,因此人类的创制必定陷于自证的困境:在没有绝对标准的情况下如何证明自己创造的事情是合理的或是好的。这是一个无限重复的问题,人必须不断回到这个问题上。比如说,人类创造了道德的概念,道德的根本意义在于自我牺牲,这几乎是高尚的唯一标志,至少举不出别的标志。可是为什么要牺牲自己利益甚至生命?为何把自我否定的牺牲理解为道德?这个问题的深刻在于,如果没有自我牺牲,就不存在道德了——在自我牺牲之外的所有伦理规范在实质上都是利益计算,诸如不杀人不说谎之类,都是博弈论能够解释的自保策略和博弈均衡。道德行为必定违背博弈论原理,才获得高尚品质,因此道德始终是一个谜,肯定有理由,只是不知道是什么理由。这只是一个例子。事实上人类所有秩序的基础都没有得到充分的解释,生活建构起来了,但理由尚未找到。人类创造的所有秩序一直都是问题,而不是生活的牢固基石,或者说,人类的生活就是以问题为基石的。

"创造者难题"所以迟迟没有成为思想的焦点,或因为在很长时间里人类生活的基础观念和秩序相对稳定,没有陷入严重的危机。凡是不要命的事情,人都不会严肃对待。深刻的危机一直都在,比如人早就发现了悖论,被认为很有趣，却没有重视悖论所暗示的危及思想基础的严重问题，直到百余年前的"数学危机"，人类才意识到几乎所有观念系统都存在着漏洞和悖论。数学危机仍然不要命，老哲学泰然处之。但是，两次世界大战都未能使哲学惊醒，就意味深长了。对世界大战的反思被意识形态的冷战掩盖了，这是人类思想重大失误之一。人们试图在两种错误的意识形态中证明其中一种是正确的，这是排中律被滥用的一个典型事例。现代的两种意识形态虽然对立，却是现代性的孪生两面，其错误根源是同一的，都以为找到了普遍价值观可以用来建立相应的社会秩序，然后历史就终结了。可是，价值观绝无希望成为真理，在复杂的人类生活里，每种价值都与其他价值互为条件才生效，因此都是有条件的；其次，也不存在绝对的价值排序，即使现代最为推崇的自由，也不是第一价值。价值观的线性排序是人为想象，事实上各种必要价值同等重要，或并列关系，或循环关系；再者，足以终结历史的秩序是不可能的。没有一种秩序能够解决所有的矛盾和自相矛盾，因此，历史必定永远是一个开放的概念。

现代是人类创制加速的时代，也因此暴露出人类秩序基础的深层危机。本雅明在第一次世界大战之后有一个敏感的发现：生活失去了"故事"，或没有什么故事值得讲述。这里的故事是广义的，包括神话、童话、史诗、传统艺术、古典音乐、诗歌和民歌，以及"有教益"的经验故事。无论苦难还是幸福,兴盛还是衰落,生活都应该有故事值得讲述,故事蕴含着可共享的经验和生活意义。第二次世界大战之后,故事的进一步退场或边缘化意味着生活不再有共享的意义,现代小说、当代艺术、流行音乐或大众文化表达的或是没有共享价值的私人自我,或是商业化的流行话语,或是虚构的生活。迪士尼、科幻电影、电子游戏或网络游戏典型地表达了"反事实"生活,反衬地暗示了真实生活缺乏意义或缺乏故事,甚至缺乏吸引力。精神世界逐渐入不敷出,没有增量,只有损失。有意义的事情就是值得不断复述而构成共同精神生活的"故事"。当代的一个典型经验是,少有艺术作品值得看第二遍,几乎都是一次性的消费品,这意味着作品只是"事件"而无可复述的意义。也许艺术概念确实变了,当代艺术确实只是事件。艺术概念的变化是正常的,然而只有瞬间经验的作品终究没有能力建立精神意义。无法积累意义的当代艺术或商业电影是当代无意义生活的一个有意义的倒影。

技术在加速发展而生活在加速失去意义,这正是现代性的一个深层隐患。马克思最早发现这个恐怖的"异化"事实。在现代条件下,每个人的生活都被统一组织到资本的运动中去,只剩下资本的运动是重要的,所有人及其生活都不同程度地失去意义。资本只是现代性"去意义"运动的一个方面。飞速发展的技术成为生活意义的第二个谋杀者,技术把所有人的生活统一组织到技术程序中而使之失去意义。资本对所有事物和所有人的价值进行了统一标价,技术则把所有事情和所有人化为程序,而资本和技术的大一统终于全面实现了对生活的"去意义"而把所有价值收归资本－技术系统。资本－技术的大一统系统只是组织所有事物的功能,其本身也无意义,结果是人类生活彻底失去意义。许多人敏感到这个"意义的危机",于是以身体为单位发动了各种抗争,垮掉派、嬉皮、吸毒、狂欢、同性恋、跨性别、神秘苦修、禅宗静修、素食、健身、节食、绿色生活、旅游、行为艺术,诸如此类,都试图以身体的私人经验来抵抗一切行为的程序化。表面上,身体是逃脱程序化的最后自由途径,但身体的能力仅限于身体,没有能力在身体边界之外建立精神世界,因此以身体为抗争终究是无效的。以身体为抗争的最高段位是人体炸弹恐怖主义,其能量也无法动摇资本－技术系统的权力。在资本－技术系统的世界里,身体的哲学是失败者的哲学。

再看另一个深层问题。与"异化"不同,人类顽固地保留一种"未化"的原始野蛮行为,即战争。最先进的科学技术首先都用于制造武器,自古至今都是如此。人类准备了可以多次摧毁地球的核武器,还有导弹、航母、生化武器以及太空武器。假如有外星人类学家来观察人类文明,一定会认为人类文明是邪恶的、不友善的、理性不足的畸形文明。霍布斯提醒说,只要看看人们的房屋都要上锁,就知道人们对同类是什么看法。武力始终是生存的第一条件,不发动战争只是因为能力不足而无胜算。假如没有以武力为保证的法律,人间立刻变成地狱。有一个无法证实而属于科幻的宇宙理论,称为"大过滤器"理论,用来解释宇宙内"无数"文明可能灭绝的原因,其中一种自取灭亡的"过滤"就是文明内斗。尽管人类文明的级别仍然很低,属于初级文明,却已经准备了足以自取灭亡的武器,这一点证明人类文明有着严重缺陷,在理性上很不成熟。

文明的基本成分是秩序和观念。从各种制度的功能来看,几乎全部是针对"坏世界"的功能安排。给定"坏世界"的条件下,理性原则是唯一的合理性标准,然而,人类的秩序远未达到充分理性。我们尚未知道建立有效秩序到底需要多少种理性。目前通用的是个体理性,但大量难题超出了个体理性的处理能力,显然需要更多维度的理性,比如关系理性。只要理性不充分,人类的秩序就必然存在悖论、矛盾和自相矛盾。人类虽是创造者,却弱于并且受制于自己的创造物,人类发展了文明却对付不了文明返回给人类的问题。因此,哲学有必要从认识者的问题转向创造者的问题:人类凭什么建立如此这般的秩序和观念?更好的秩序是否可能或如何可能?人类文明需要被创造成什么样?这是人类关于自身的存在论问题。

哲学的未来性不是预测和展望,反而在于对思想的反思和重新奠基,在于使存在始终保有创造性的初始状态，使存在始终成为存在的本源。创造者必定以"最好可能性"为设计原则，这是莱布尼兹关于上帝之思的人化转换，人类同样试图发现"最好的可能世界"。不过，人类智力的局限性注定永远无法知道哪一个是最好的可能性，这意味着创世存在论问题永远没有终极答案，人类只能使"动词"最大程度地接近理性。我们已经论证了，存在就是去创造存在，创造物是创造者的存在论证明，可是今天的"创造者-创造物"关系正在发生质变：人类创造出来的技术和资本的大一统系统正在把人类变成新奴隶，而谋求个人利益最大化的个人理性是一种陈旧而片面的理性，正在把文明推向新野蛮时代，今天人类的基本危机与万年之前一样仍然是生存危机。强大而有着巨大缺陷的文明形成了一个从所未有的创造者难题：创造物的支配力超过了创造者的控制力，创造物几乎压倒了创造者。创造者哲学是否能够破解这个难题？

（原载《中国社会科学》2022年第8期）

{ 三 }

创世论的存在论

1 存在论换位

自然的存在必然如此这般,一切别无选择就只有知识问题而不会产生思想问题。思想问题生于自由,而自由意味着可选择的多种可能性,因此,自由就是不自然。如果说事物是自然而然的(to be as it is),那么,自由所为之事就是使存在不自然(to be as it is *not*)。万物的存在性质是"平凡"(这是张盾的深刻见识),而万事的存在性质却是奇迹。即使是人人习以为常的事情,比如购物或者上网,在存在论意义上都是奇迹(相比之下,谋杀并非奇迹,而是平凡的,尽管谋杀的原因可能是不平凡的)。人类的一切成功和光荣,或一切困惑和失败,都是因为把存在变成了奇迹。

人对物的世界只能接受,提不出有意义的存在论问题,所能够提出的貌似存在论问题其实都属于语言问题,无论是对语言的混乱使用或正确使用，都只是针对语言而不是针对存在的反思；所有能够反思的问题都必须是当事人所做之事，否则就只是旁观之思，因此，能够被反思的存在论问题都属于事的世界。人的存在性质在于能够让所发生的事情成为"不是这样的"，这意味着，一件事情是什么取决于做什么。在这里，存在（to be）必须由行为（to do）去定义：存在即有为（to be is to do）。正是 to do 把 to be 变成了一个能够反思的对象。作为当事人，人必须解释为什么做这样而不是那样的事情，为什么这样做而不是那样做。因此，我们有理由对哲学问题进行存在论换位（ontological transposition）：把物的世界换位为事的世界，把事物存在论换位为事情存在论，把存在论问题由"是"（to be）换位为"做"（to do）。

纯粹思想主体的自由唯有逻辑的限制，只要不违背逻辑，一切皆为合法之所思，我思（cogito）构造了一个内在的自足世界，以悬隔之法驱逐了自我（ego）之外的一切超越者，因此，我思不敬天地，不敬自然事物，不关注外在事物的超越性（transcendence），而只关注所思的内在客观性（objectivity）。与此不同，当事主体不仅受到逻辑限制，而且受到一切超越者的限制，不仅受到外在事物的限制，而且受到他人的限制，因此，我作（facio）必须敬重天地万物，必须敬重他人，否则当事主体的自由就会因为挑战无法挑战的超越者而自取其辱，自由就变成对自由的否定。当事主体必须直面外在事物和他人的超越性，当面对超越者，超越性就否定了所思的内在客观性的绝对地位，取消了所思对一切事物的独断解释，取消了我思的绝对权威——超越的事物并不服从所思的概念，超越的他人也不同意我思的自以为是。于是，我作（facio）把被我思所悬隔或驱逐的超越者都请回到世界中与之共处，我的世界恢复为我们的世界。一切超越者都在事的世界中聚齐，无物缺席，无人缺席，在存在论上说，事的世界是完整无缺的世界，因此，哲学只能从事的观点而不能从物的观点去理解存在论问题。

假如人是完全自由的，无所不能，就不会遇到任何问题。造物主就没有遇到问题，所以造物主不思，而没有问题就没有生活，所以造物主没有生活，所以造物主是纯粹绝对的存在。只有超越生活才是纯粹的，因为任何生活都是俗世的。正因为人的自由有所限制，存在就有了成败得失兴衰存亡的意义。这里所说的存亡问题与生命之有限性无关。生命之有限性（mortality）当然是生存所以有意义的条件（包括海德格尔在内的许多哲学家对此已有充分解释），但这是一种属于物的世界的必然性，并非事的世界里的问题。维特根斯坦说过："死不是人生的一个事件"[1]——在此讨论的存亡问题是事情所决定的命运和生存危机。

除了无法改变的自然限制，每个人无法回避的存在

---

[1] 维特根斯坦：《逻辑哲学论》，§6.4311。

限制就是他人。与无可商量的自然限制不同，他人的限制是可商量可改变的，因此，人所做的一切事情的内在结构都是人与人的关系，选择做什么事情，就是选择与他人建立什么样的关系，也就是选择了什么样的可能生活（possible life）。正如选择何种可能世界是造物主的存在论问题（莱布尼兹的想象），选择何种可能生活就是人的存在论问题，也是所有需要反思的哲学问题的发源地。通过存在论换位，哲学从"向物而思"（to the things）转向"因事而思"（from the facts）；从"是"的问题转向"做"的问题；从对事物的描述转向对事情的反思；从思的哲学（philosophy of mind）转向心的哲学（philosophy of heart）。

2　作为创世论的存在论：从 facio 到 creo

无论物的世界是自然发生还是造物主所创，对人来说并无存在论上的差别。脱离宗教语境而作为哲学概念的造物主其实是伟大自然的同义词，尽管其伦理意味有所不同。造物主是否思考过许多个可能世界，就像莱布尼兹想象的那样，这个事情对人或许有伦理学意义，但不属于事的世界的存在论问题。神性并非物的世界所必需，自然的伟大超越性已经为人所敬畏。按照老子的说法，自然是不仁的，不具伦理意义，但这一点却有绝对的道德意义，自然没有伦理性，因而是"自然正确"的。

人作为物的世界之中的一种自然存在，与万物众生一样，人的存在本意首先是生生（《周易》论点）。存在之先验目的就是永在，这是存在的重言式意义，存在的本意既然是重言式的，存在的自然状态也就毫无新意，其意图无非就是一直存在下去。这种存在天注定，不需要抉择，所以毫无奇迹也无历史性，不需要反思。一句话，平凡的存在一如既往地没有产生任何问题，我们对存在也提不出问题。

人们支持或反对形而上学，却未必理解甚至误解形而上学的意义所在。既然形而上学不是知识，没有真值，无所谓真假，形而上学的意义就不在于对存在进行揭秘，何况存在并无秘密可揭。存在的本意就是永远存在着，存在除了"继续存在下去"这个公开的重言式意图，并不蕴含别的什么秘密，或者说，存在除了同义反复地实现其自身状态，并没有另外表达什么。如果存在貌似有什么"秘密"的话，恐怕是语言现象产生的幻觉。如果存在论试图研究存在，必定一无所获，开始即结局，因为存在根本无问题，"什么是存在"这个冒充的问题与其答案是同一的，提问即结束。因此，语言并不是存在的家园，相反，语言离间了人与存在，语言把存在变成言论对象或思想对象，人与存在就不再无间一体。人只有遗忘存在，才能够与存在浑然一体，而用语言去呼唤存在，反而吓跑了存在。对存在，人只能不置一词。

只有当存在有可能变成不存在，或者，这样存在有可能变成不这样存在，或者说，当存在之必然性变成了存在之可能性，存在才变成一个问题。或许需要再次强调：不存在，或不如此存在，变成了存在的一种可选择的可能性，存在（being）就产生了变在（be-coming）的问题。这个问题与存在之死毫无关系。存在之死虽然是存在状态的变化，却不是问题，而是必然性，并非可以选择的可能性。但找死就是一个问题了，或者说，人会死，这不是问题，为正义而赴死，就是问题了。当存在必须选择存在的未来，当存在的未来性不再一如既往，而变成了可选择并且必须抉择的诸种可能性，一个根本问题产生了：何种可能性是更好的？价值问题就这样无中生有地出现了。价值问题正是这样直接产生的，无须引入价值的概念，诸如好坏、善恶、优劣等等，价值问题就已经先于语言而出现在可能性的选择中。比如说，给定可能性a，b，c，d……那么选择b。选中b就是以行为定义了b是更好的或最好的，什么也不需要说。对可能性的选择无中生有地制造了价值，但并没有保证什么价值标准是正确的。无人知道什么是绝对好的。

既然存在之先验意图是永在（to be is to be for good），为了达到永在就需要善在（to be for good is to be good），只有善在才能保证存在。这意味着，当存在前行之路出现分叉，就必须选择更能保证善在的那个可能性，因此，当存在的未来变成可以选择的可能性，存在为了善在，就不能重言地重复自身，在此存在就不再平凡，而只能时时刻刻存在于选择之危机中。虽然存在不是问题，但存在的选择却是根本问题，而存在的选择使存在无中生有地具有了价值，这就进一步引发了一切有关价值的问题，包括伦理、政治、经济、文化和艺术。我相信这是对休谟关于存在和价值问题的一个存在论解决，尽管不是一个知识论的解决（因此休谟或许不会完全满意）。关键是，对存在之未来诸种可能性的选择没有知识理由，没有人能够预知未来，不可能遍历无穷多的可能世界，因此不可能对未来的诸种可能性进行绝对的优劣比较，所以在此重要的不是明辨优劣的知识，而是对未来可能性必须奋不顾身地进行选择，而选择的行为无中生有地创造了价值——即使无从知道选择之对错，选择行为仍然开创了价值问题，仍然证明了存在生长出了价值，尽管不是逻辑地推出价值，而是创造性地生造了价值。

自由使存在有了征用诸种可能性的机会，因此，即使一个人只愿意选择毫无变化的未来，故意选择平凡或正常，这种选择也在诸种可能性的比较背景下变成一种价值选择，就是说，选择平凡也变成一个不平凡的选择。只要存在的未来是多种可能性，那么，在存在论意义上说，任何一种选择都是创造性的。存在论意义上的创造性并不在于与众不同，而在于做出选择。没有人平白无故去创造，人是因为面对未来的多种可能性而被迫具有创造性的。自由的存在被迫选择这种或那种事情，所以说，有为（to do）是存在（to be）的始发状态，有为而在（to be is to do），而有为就是创造性的，这就是存在论的初始问题。这个问题甚至对于造物主也是如此，假如造物主仅仅自己存在，万古永在却不创造，那么它的存在也是无意义的。世界的意义由创世者去定义，同时，创世者的意义就在于创造了世界。当存在与创造是一致的，就意味着形成了作为思想的存在论，因此，一种具有反思意义的存在论必须同时是一种创世论（creationology，区别于神的创世论creationism）。这是真正的第一哲学。

必须抉择的事情才需要反思，创世是最大的抉择，存在论正是对人的创世反思。既然每个行动都是自由选择，因此，尽管每个行动都接着先前的行为而做某事，却同时也是事情的开端或新起点，这意味着，每件创造性的事情都是生活世界的临界点，都可能"从此不同"，因此，每件创造性的事情在存在论上都具有初始性。在这种初始状态下，自由必定产生绝对的存在论犹豫：做这件事还是做那件事？这样做还是那样做？造事是一切问题之源，而犹豫是一切问题的本质。这是先于知识或伦理困惑的存在论犹豫。在根据知识去思考某件事情是否正确或根据伦理去判断某件事情是否正当之前，人首先必须思考何事可做。假如无事可做，知识和伦理就都失去意义。比如说，解一道复杂的几何题也使人犹豫，尤其当两种以上的解题路径似乎都可行时，这是知识论的困惑；面对一个伦理两难也同样使人犹豫，因为两条互相矛盾的道德准则都是正当的，这是伦理学的迷茫。这些犹豫都是在有理可依条件下的困惑，都是在已有概念和信念之间的犹豫。但是存在论的犹豫与此不同，当人必须造事而不知道究竟有何事可做，这种绝对犹豫就是先于概念和信念的存在论犹豫，这是开创性的犹豫。

想象一个人想要外出却居然想不出去哪里更有意思——这是一个略经改编的真实故事[1]——我们那位艺术家朋友对去哪里没有主意也没有反对意见（艺术家对存在论犹豫会不会更为敏感？），他最后放弃了这个存在论的犹豫，开车随便走，每到一个交叉路口就掷硬币决定往哪里去，居然走了数百公里却离家不远。放弃存在论的犹豫也许算是对"不知做什么好"的一个解法，但这种近乎后现代"随便都行"的做法并非对存在论犹豫的真正解法，因为掷硬币没有使任何候选可能性产生出价值，也没有开创一件事情而只是发生了一个物理学事件，在严格意义上，掷硬币决定去向是一个属于物的世界的事件，而不是一个属于事的世界的事情，除非将其解释为一种行为艺术。

还可以考虑维特根斯坦的规则悖论，这个例子可能说明更多问题。可以想象一个数学例子来说明规则悖论：假定人类刚刚发明了加法，在运算加法时还从未遇到过

---

[1] 后来经本人同意，可以公开名字。这位艺术家是杨茂源。他自己"无决定的"最远乱走达3000公里。

$a+b$之和大于10的情况,当偶然遇到7+5这个式子(康德最爱),人们发现至少有两种在理性上"同样合理"的创造性解释:(1)7+5=12;(2)7+5=10。对于(1),人们可以发明这样的合理解释:既然5+5=10,6+4=10,3+7=10,2+8=10,如此等等,而7+5看起来显然大于5+5或者6+4之类所有运算,那么应该去发明超过$a+b$=10的算法,使得7+5=12;对于(2)则可以发明这样的合理解释:既然$a+b$在已知所有实例中的最大得数都是10,而7+5显然足够大,那么7+5=10,而且,其他所有得数足够大的式子都一概等于10。这个例子的构思受到克里普克的启发,不过克里普克自己给出的那个关于加法的著名例子却是错的,这一点多少令人吃惊[1],可见数学家也可能百密一疏。虽然这个例子不是一个真实的数学问题,却是个哲学问题,它可以表现在先于概念和知识的某种初始状态中人们所遇到的创作犹豫,而且它与成熟生活中的各种"制度—实践"的演化难题仍然是同构的。这个例子中的两种解决方式都是原创性的,原创活动先于知

---

[1] 克里普克的例子是这样的:虽然通常68+57=125,但是完全可以另外规定说,当a或者b≤57,就遵循规则+,而当a或b>57,规则+就变成(+),于是68(+)57=5。参见Kripke: *Wittgenstein on Rules and Private Language*, Blackwell, 1982, p.17。这个例子的漏洞在于,5<57,因此5是一个已经被定义并运算过了的单位,5不属于可以自由规定的存在,所以68(+)57=5是非法的。可以参考一个数学诡计题:假如1=5,2=10,3=20,4=40,那么5=?按照逻辑,人们似乎应该说5=80,可是前面又已经定义了5=1,所以这个问题不合法。克里普克犯的是同样的错误。

识和概念，就不得不在创造事情的同时创造理由，把无理的说成有理的，因此，当没有知识或伦理概念可以参照，人犹豫的就不是"做什么是对的"而是"做什么"，换句话说，在原创状态中，人犹豫的不是怎样符合游戏规则，而是如何发明一个游戏。发明游戏的困惑显然比遵循规则的困惑深刻得多，想想看，假如人们对足球、篮球、高尔夫等所有游戏都感到厌烦，想要发明一个足够有趣的新游戏，那将是一件极其不易的事情。类似地，假如人们对君主制、贵族制、专制和民主制等所有制度都不满意，或许也会对发明一种"足够好的"新制度感到力不从心。

造事产生的问题是原生性的，因此造事是事的世界的开端。既然人是自由的，造事的原创性困惑就永远不会结束，而将一直持续在创造事的世界的无限过程的每一步之中，人永远生活在创世时刻中，永在存在论的绝对犹豫之中，也就是创世的犹豫之中。相对于具有必然性的物的世界，造事（facio；I make）都是创造行为，造事就是开创一种可能生活，而可能生活所定义的世界就是事的世界，造事（facio）就是创世（creo）。创造一个属于人的世界——事的世界——正是人作为人的存在论证明：人作为并且仅仅作为事的世界的创世者而存在。造事证明了人的存在本意不仅是与自然一致的生生，而且是超自然的创造。无法证明人类的超自然创作是好的，但问题是，事实也是，人类非要创造不可。因此，对人的一切问题的反思都必须追溯到人的创世行为才能够得到触底的解释，存在论必须是对创世行为的反思，人的创世困惑就是第一哲学的第一问题。存在（to be）和有为（to do）是同一的，造事（facio）和创造（creo）是同一的，所以，存在论（ontology）与创世论（creationology）是同一的。

由此可以进一步理解关于物的世界的存在论为什么劳而无功。既然人不是物的世界的创世者，那么，关于物的世界的存在论就只限于观察者的想象而不是当事者的反思，当事者视角的缺失使人无法解释关于物的世界的创世问题，只好想象神的故事或只能在数学中去理解宇宙的起源。脱离了创世问题的存在论对本源无所说明，因此是无根的，或者说，如果并非同时是创世论，就不可能是一种具有完整过程的存在论。传统意义上的存在论（被追溯到巴门尼德、柏拉图、亚里士多德以及后来的斯宾诺莎、黑格尔和海德格尔等）的真实身份其实是后创世的知识论问题，或是作为美学观点的形而上学，因为这种存在论的论据或为知识观点，或为美学观点。在与创世论无涉的观察者角度中，人们至多明知故问地询问什么是存在以及何物存在——可是存在是一切提问的绝对前提而存在的事物是明摆着的。卡尔纳普曾经批评海德格尔对存在故作惊讶，虽然态度不好，但切中要害。知识论最多只能澄清不同事物在不同可能世界中的存在论承诺（蒯因原则），但没有能力追问事物何以存在或存在的意义。

与此不同,在事的世界中,存在既非"如其所是"(to be as it is)的形而上学问题,也不是"如见所是"(to be is to be perceived)的知识论问题,而是一个"有为而在"(to be is to do/to make)的存在论问题。很显然,纯粹存在仅仅蕴含自身之在(to be仅仅蕴含to be),因此to be不能超越自身,只是按照既定方式继续存在,所以"无事"。to do/to make却是对to be的超越,其所蕴含的众多可能性迫使to be始终处于抉择之中,因此必定"生事"。自由之有为蕴含无数可能性,就其最基本的格式而言,就是做某事或不做某事的抉择。这个抉择不仅决定了何种可能性是否变成现实,而且同时直接决定了当事者自身的存在状况,就是说,有为不仅是对创世的抉择,而且是对当事者的存在状态的抉择。存在论的抉择问题一般表现为如此存在或不如此存在(to be or to be not)两种可能选择,而其极端表现则是莎士比亚的问题"存在还是毁灭"(to be or not to be)。有为所面临的选择越是严重,存在论问题就越清晰可见。莎士比亚似乎比许多哲学家更清楚地看到存在论问题之所在,那是一种存在论的绝对犹豫状态。

人类虽是事的世界的创世者,却永远不可能完成创世的工作。无论所做的是惊天动地的大事还是无足轻重的小事,人永远面临着同样性质的存在论犹豫:我应该选择哪种可能性?只要存在(to be)必须有为(to do),

只要我在（I am）落实为我作（facio），存在的第一状态就是犹豫。人类生活的一切问题都具有面对诸种可能而难以定夺之犹豫格式。莎士比亚式的困惑与布里丹之驴的困惑在问题性质上完全不同。对于布里丹之驴，两个草堆其实相等，一般无异，因此只是自寻烦恼的数学式困惑，而正确答案是显而易见的：既然两者相等，那么任何一种选择都是对的，唯一的错误是不做选择（驴患得患失而饿死了）。对于人来说，诸种可能性所蕴含的结果完全不同，因此是生死存亡的选择，是存在论的绝对困惑：不做选择是最大的错误，而坏的选择是同样大的错误。

在存在论的犹豫中，我思之所思对象是事情的可能性而不再是事物的必然性。面对诸种可能性，facio无规可循，只能是创造性的，就是说，当造事（facio）是初始性的，就必定是创制（creo）。要创造就首先必须否定某些可能性，然后才能选择某种可能性，没有否定就没有选择——这是人之为人的存在论起点（关于人猿揖别的临界点，科学家们有多种难以证明的猜想。实证意义上的临界点也许不易确定，但存在论上的临界点也许就是：当人类说出"不"这个否定词，就超越了必然性而自由地面对可能性，就开始了人的创世[1]）。以可能性作为所思对象，思想就必定是创造性的，意味着无数奇迹

---

[1] 详细论证参见本书《第一个哲学概念：否定词》一文。

的开始。

人所做的一切事情虽然发生在物的世界之中，却是对物的世界的超越，也是对必然性的背叛。正因为造事皆为奇迹，生活才有意义。假如一切皆为天数，人谋无非徒劳，人就无事可做，也无事值得一做，历史、成败、荣辱、善恶、爱恨、贵贱、幸福、自由、尊严等等就失去意义。一切具有意义和价值的事情都是奇迹，劳动是奇迹，自由是奇迹，权利是奇迹，责任是奇迹，幸福是奇迹，爱情是奇迹。可问题是，人为的一切灾难也是奇迹，而可悲的是，灾难性的奇迹正在铺天盖地淹没一切荣耀的奇迹，谎言，以语言、影像和表演所表达的谎言，正是一种灾难性的奇迹。天地万物不说谎，造物主不说谎，只有人说谎。谎言不仅仅是欺骗，谎言的形而上本质在于，谎言是否认任何奇迹的奇迹。为什么谎言否认任何奇迹？因为任何谎言都是等价的，万种谎言与一种谎言是同质的，而一切美好的奇迹都是不同质、不可替代或不可通约的，因此，谎言否认所有奇迹，谎言抹平世界。那么，我们何以知道一种言说是谎言？谎言有一个无法掩盖的漏洞，那就是，谎言不犹豫。谎言预支了某种价值观来对任何事情进行判断，把某种价值观看作是必然的，也就没有存在论的犹豫，而拒绝存在论犹豫就是拒绝创世行为。如前所论，作为创世行为，facio 就是 creo，因此，facio 先于任何价值观，facio 诚实地面对选择的困惑：我无从知道何种可能性是好的——虽然 facio 的结果制造了价值问题,却没有预先断言任何价值观。可见,任何回避了存在论犹豫的价值判断都是谎言。在这个意义上,任何政治价值观、伦理教条、宗教教义、意识形态、政治正确的概念、传媒语言、宣传、推销、辩护、批评都是谎言,它们都自诩了先知特权:预先知道什么是好的或什么是正确的。谎言甚至是比万恶的暴力更深刻的灾难,暴力虽然万恶,但暴力是直率的,而且暴力会被反击的暴力所挫败,而谎言不可能被另一种谎言所挫败,因此,谎言是最顽固的灾难。

人类一直试图通过反思去拯救真理。对于事的世界,人既是当事者又是观察者,人以当事者的身份去创造可能生活,同时又以观察者的身份去反思可能生活。在已有真理的事情上,反思能够直接拯救真理(假如人们愿意悬隔任何价值观及其谎言的话)。可是当真理尚未存在,反思就遇到无所参照的困难。这正是反思创世行为所遇到的困难,在反思创世问题时,我们只能无助地反问自己:为什么做这样的事情而不是做那样的事情?为什么这样做而不是那样做?为什么选择这样的生活而不是那样的生活?为什么创造这样的世界而不是那样的世界?造物主不会替人回答这些问题,也回答不了,因为事的世界超越了物的世界;逻辑和知识也不能解答这些问题,因为逻辑和知识只能解释必然性而无法解释创造性;信仰更不能解答这些问题,因为信仰拒绝了存在论犹豫。人无处可逃,唯有在造事之中自求解释,别无它途。可是，既然造事总在创世之迷茫中，存在又如何能够自证其善在？这似乎是个悖论。

逃脱悖论的唯一机会是，人在诸种可能性之中的抉择，无中生有地制造了价值问题——这是最大的奇迹。在通常意义上，存在是存在，应在是应在，应在（ought to be）和存在（to be）是两个互相独立的问题，就像平行线不相交，可是，造事迫使这两个问题重叠汇合：既然选择了b而没有选择a，那么，b就被假定为更好的。毫无疑问，这个选择并无事先根据，没有道理，即使似乎有理，也是可以质疑的，因此，这个选择不能证明b真的或事实上是更好的，仅仅是，在可能的意向性里，意向b是更好的。但这就足够了，这个有意选择不是掷骰子的盲目选择，这就已经制造了价值问题。这是关键的第一步，它意味着，to do迫使to be具有价值，在克服存在论犹豫的抉择中，价值问题与存在问题汇合为一。但是，更困难的问题才刚刚开始：我们如何才能证明所选定的应在之事就是善在？既然除了facio之外别无其他资源可资利用，那么，一切可能的证明只能落在facio的未来展开之中，就是说，证明就隐藏在facio的未来性之中：未来的报应或回报就是证明。

3　Facio ergo sum（我作故我在）

意识是一个能够自证完满的概念，这是意识的无以伦比的优势，因此哲学家往往选中意识作为哲学的支点。笛卡尔证明了"我思故我在"（cogito ergo sum），胡塞尔进一步证明了"我思其所思"（ego cogito cogitatum qua cogitatum），从而建立了意识的完整内在结构，几乎证明了万事皆备吾心之理。中国古代哲学似乎比欧洲哲学更早想到"万事皆备吾心"的唯心论，或始于孔子的"我欲仁斯仁至矣"，而王阳明为总结，看起来早于奥古斯丁对我思的询问，更早于笛卡尔。但中国古代哲学几乎没有分析和论证，未能建立理论，始于格言而终于格言。完满吾心之唯心论终究是经过笛卡尔－康德－胡塞尔的三重理论建构而完成的，至今无出其右。直观终究不及理论，正如念头不及产品。

然而，几近完美的我思理论并没有解决哲学的根本问题或本源问题。我思能够建构自身完整的所思世界，却完全不能解释外部世界，也不足以解释化内在为外在的事的世界，问题在于，所思可以心想即成思（据胡塞尔，noema内在于noesis，因此意向所至便成意向对象），所为却并非如此。所为之事是否能够落实成真，却非我思意向所能独立决定，而必须求得他人同意。他人同意，就可以做出任何事情，而他人不同意，就什么事情都做不成。因此，活生生的他人就成为一个最严重的形而上问题。即使最美好的愿望，似乎应该人人乐见其成，此种意向却也未必能够成真。如列维纳斯之想象，看到一张人脸就应该直接意识到"不要杀人"的绝对伦理呼声，这种善良意识几乎人人同意（极少数杀人狂不算），可谓心同此理，可是，无数行为事实却证明事情并非如此。又比如，人们可以想象一个最好社会，一个人间天堂，在那里人人的需求都得到满足，人人的自我和自由都得到实现，人人"从此过上幸福的生活"，就像童话那样，历史也因为功德圆满而终结。这种想法估计也是几乎人人同意，可没有真实意义，因为不可能创造出一个能够满足人人的需求、自我、自由和幸福的社会，除非是个无穷大的虚构世界。

唯心论试图证明主观世界是自身完满而自足的（就像胡塞尔试图证明的那样）。可是，即使意识真的是自足的，也至多证明了我思具有内在的客观性，却完全无助于解决我们所遇到的诸种外在实践困难，因此，我思不可能解释存在论问题，也解决不了基于存在论的事实而产生的伦理学、政治学或经济学问题。这个局限性使得我思不可能如笛卡尔或胡塞尔想象的那样成为一切哲学的基础。无论我思多么完满地解释了所思，也决定不了或阻止不了世界上任何事情的真实发生，无论多么完满的我思都对付不了生活的严肃事情：战争、谋杀、剥削、压迫、欺骗和背叛等等祸事，也解释不了爱情、友谊、救助、献身、自由、人权和公正等等幸事。无历史的我思对一切发生在历史和世界中的伦理、政治或经济问题都束手无策，对所有生活困惑都无计可施，即使我思之所思具有毁不掉烧不掉的绝对性。既然我思不能防止一切罪行或者落实任何拯救，我思的绝对性就在存在论上既失去了物的世界，也失去了事的世界。因此，我思不能说明我在的任何问题。

我思故我在（cogito ergo sum, I think therefore I am）的有效性基于逻辑证明，并非存在论证明。属于我思的观念世界与我所在的生活世界之间有着存在论鸿沟。即使一件事情能够被我思定格为心中永不磨灭的所思，但所思之事却与所为之事无法建立普遍一致性，两者不对称。在许多时候，我思（cogito）的意向性无法落实为我作（facio），即在我作中不可能，更重要的是，我思又经常跟不上我作的创造性，即我思无法理解未来。事情的复杂性和未定性使我思至多只能明确思想一半事情，即已经发生完成的事情，而事情的另一半总是尚未被创造出来，永远隐藏在难以定夺的诸种可能性之中，我作之犹豫未决使事情的性质、方向和意义永远处于未定状态，无法被概念化，无法被我思的意向所指定。简单地说，我思不能决定未来，未来不属于我思，与未来同在同进行的是我作。我思的时间性是当代性（contemporaneity），而我作的时间性是未来性（futurity）。

既然决定命运和历史的各种事件都属于事的世界，既然不是我思而是我作创造了事的世界，那么，事的世界的原则就是：我作故我在（facio ergo sum, I do therefore I am）。我作才是我在的存在论证明（逻辑证明是不充分的）。正如已经论证的，既然人是事的世界的创造者，有为（facio）意味着创造（creo），于是，facio ergo sum就同时意味着creo ergo sum（创世而在）。设想一个理论参照：假如造物主仅仅想象了各种可能世界，却懒得去实现任何可能世界，只是想想而已，那么造物主就是思而不在，造物主的存在也就只是一个逻辑可能性而不可能有任何存在论证明。可见，对造物主的存在论证明必须提供实在业绩，不能仅靠推理。同样，我在的存在论证明也在于行为创造了事的世界。我思只不过看见了世界，我思之我是个逻辑虚在，我作使我拥有世界，我作之我才是存在论上的实在。只有创造了事的世界，我才有了所在之处，才有了生活，存在的家园不是语言，不是思想，而是行为。所以说，一切哲学问题都始于人的创世问题。

人的创世行为并不限于开天辟地的划时代大事（没有那么多开天辟地的事情），重要的是我作的存在论性质，我作之事可大可小，但都具有产生未来的创造性。每个人对未来可能性的选择都是创世行为，每个选择都将使得事的世界因此有所不同。既然人们可以选择让一种事情发生或不发生，可以选择让一件事情成为这样或不成为这样，那么，任何事无巨细的选择都在创造着人人所在的事的世界。喝一杯酒、供一碗饭或说一句话，都可能是创世行为，都可能给他人甚至给世界造成灾难或带来幸福。我的行为并非只是证明我的存在，而必定造成某事。造事是及物动词，必定卷入他者。但这不是说，我做了某事，然后某事对他人产生影响，而是说，如果我的行为没有卷入他人，没有邀请或强迫他人共同行为，就根本做不成任何事情，甚至无事可做。即使有的行为似乎是我独自完成的行为，也是某事的一个构成部分，它因成为某事的一部分而具有创世意义。假如一个行为不是某事的构成部分，这个行为就只是一个无意义的动作。即使一个人自己在无人之处看了本杂志，尽管没有他人在这个物理空间里现身，他人（比如作者）仍然在事情中在场，无论多么遥远，甚至不知其名。

这意味着，在facio所制造的事情中，我虽是语法上的主语，但在存在论意义上，我却并非唯一当事人，他人也必定是当事人（通常是无数他人）。一件事情意味着我和他人同时在场，我不可能独占未来，而只能与他人分享未来，因此，没有他人就没有未来。我虽然作为个体存在于物的世界中，却作为一个无法独立的角色存在于事的世界中。这正是事情的本质：事情不属于任何一个人，但任何一个人都属于某个事情，每个人都代表着未来的某种可能性而成为事情的一部分。这意味着，当我以自我为存在，我仅仅属于我，但这个完全独立的我却一无所有，什么都不是，至多在旁观世界而不拥有世界；当我成为创世者，我才拥有世界，同时我就成为事中之在，成为事情中的一个可能性。在事中之我不可能独立存在，而是与他人共在，共同因事而在。

事中之在才是真正的存在，唯有事中之在才具有在场性，事情就是我得以出场之场所，如果没有事情这个场所，我就身无在场之地，就仅仅是（is）而不在（not exist）——其实，我在事外之"是"也非常可疑，似乎只是一个假设而未成真的身份。超历史的我思或可以先验地拥有概念化的世界或者世界的概念，可是那个概念化的世界是个观念对象，我无法生存（exist）其中，因此，仅仅作为我思之我虽是（is）而无以为在（not existing）。Cogito仅仅证明了我是（is），因此自我（ego）只是个虚在，一个是（is）而未在（not yet exist）的语法主语。只有在facio中，我才真的在（exist）。如前所论，这个存在状态甚至对于造物主也是一样，造物主的全部意义就在于所创造的世界，造物主也存在于facio而非cogito之中。区别在于，造物主是唯一的，总是心想事成，而事的世界是众人的世界，每个人对于他人都是超越者，因此一切事情都是诸种可能性的竞争和冲突。

既然facio绝对优先，具有初始性和开创性，facio就是召集他人现身的行为，每个人通过facio而成为他人的召集人。每个人都是创世者，因此，当他人被召集在某事中现身，他人绝不袖手旁观，而是同时也成为召集人，成为事情的共同创造者，我的事情就同时成为他人的事情。因此，任何一件事情都先验地证明了我和他人的共同存在，任何事情的内在结构就是行为者之间的互动关系，于是任何事情都先验地承诺了我与他人的事中存在。这一点也是facio的存在论优势：即使cogito能够证明我在，却不能证明他人之在，也不能证明世界之在，而facio不仅证明我在，同时也证明了他人之在，而且，既然facio同时是creo，也就证明了事的世界的存在。每个人都是事中之在，都是事情的召集人，可是既然都是召集人，就无人是事情的主人，任何人都不可能对任何事情完全做主。因此，我作（facio）证明的不仅是我的超越性，我作所承受的回应同时证明了他人的超越性，于是，事的世界的内在结构就是我与他人互为超越的关系。

人之自然存在虽不能自证其目的，却能在创世中创造目的，使自身存在具有意义，人不是因为自身存在有意义才去造事，而是因为造事才有了意义。人在造事（facio）中召集（请入或卷入）他人来为所做之事（factum）的意义作证，而既然人人都是召集人，于是人们在共在之事中互相作证，而互相循环作证表明了人的意义就内在于生活之中，即内在于事的世界之中。假如提问人的意义在哪里，或者人要到哪里去，诸如此类的问题，就是在提出无意义的问题，因为人的意义就在生活中，人哪里也不去，就在人这里。

人的存在如何善在，人如何创造一个最好的可能世界，这自从人开始反思生活就一直是未解之谜，随着反思越来越深入，就愈加困惑。任何标准都可以被质疑，因为所有标准确实都无法自圆其说，没有一个标准是自足的。这意味着，即便cogito能够捍卫自我以及所思的意义，也无力捍卫任何价值标准。如前所论，我们只剩下

facio这个最后的根据。Facio必须解决自己制造的价值问题，必须自证对某种可能性的选择必然是好的选择，而真正严重的挑战就在这里：facio唯一可以指望的证明就是未来性，而未来尚未存在，尚未确定，又怎么能够证明什么？

既然facio是creo，那么，存在就发生着接踵而至的奇迹。facio的每一步都是事情的新起点，可以是历史的转折点或可能生活的转机，有可能制造罪恶，也可能终止灾难。未来的可择性意味着诸种可能性的可比性。有机会选择未来既是存在的幸运——因为有机会选择更好的——但也是一种形而上的痛苦，因为不知道何者更好。可是我们必须知道何者更好，这是个根本问题，也是个奇怪的问题。假如要事先判断一种创造的价值，就必须事先拥有标准，可是在意识中找不到这样的标准，于是，我们不能指望我思，而只能强迫facio在自身中发现标准，于是陷入自相关状态，这正是困难所在。于是，facio不仅无中生有地制造了价值问题，而且还必须继续无中生有地证明什么是好的。

facio所能够利用的唯一资源就是未来，那么，分析未来的唯一机会就是把未在性化为在场性来考察，把不可见的未来转化为可见的可能性。未来由逻辑上的一切可能性组成，这是不可见的可能性，但是，对于事的世界，未来的可能性总是表现为人想要的可能性，于是，未来的可能性就约束为人的意向选择，意向选中的可能性才是与未来相关的可能性。每个人的意向选择无法决定必然中选，因为他人总有异议，他人不同意就事不成。未来是多个当事人或多主体的博弈结果，这是一个重要线索。这里的关键是，我们得到一个化未来为在场的方法：未来的诸种可能性映射在人们的可能意向中，每个人的意向都代表了未来的某种可能性，于是，未来的诸种可能性就显现为在场的各种意向。对于每个人来说，他人的意向性就是未来可能性的在场性，反之亦然。尽管未来仍然不可预言，我们无法提前知道什么事情将发生，不知道事情会发展成为什么样，但未来的可能性已经被转换为在场的诸种意向性，因此，我们至少有望证明何种可能生活是善在，有望知道关于任何未来事情的普遍判断标准。

facio 或 creo 的成败秘密就隐藏在行为的回应性之中。任何 facio 必定引发回应行为，而行为的回应性创造了事的世界和历史，因此，回应性就是事的世界之存在论线索，由此线索可以理解事的世界之治乱分合、成败兴衰、荣辱苦乐、战争与和平、幸福与不幸、变革与保守等等一切循环往复。他人的回应决定了 facio 是否能够成事，如果没有他人的同意，一种行为就不可能形成事情，如果他人不同意，我的行为将被中止，意向落空，当然就不能形成事情。在这个意义上，他人的同意就是事情的存在正确性（不等于真理性），而每个当事人都同意的事情就具有存在论上的普遍正确性。事情的存在正确性意味着"无人被排斥"原则:一件事情在存在论上是正确的,当且仅当,这件事情没有排斥任何一个当事人的存在,没有否定任何当事人的在场性,没有剥夺任何当事人的未来。我不想说这是真理,没有人知道生活的真理,因为不存在此种证明。

(原载《哲学研究》2012年第8期)

{四}

共在存在论：人际与心际

1　给不同世界以不同的存在论

哲学一直没有给人的生活世界准备一个与之相配的存在论，这件事情很难。一般存在论是为科学世界以及逻辑世界准备的，未涉及人性条件，所以不适合解释人的存在问题。一般存在论研究存在以及何物存在，这些问题在生活世界中并不重要。在生活中，人存在（is），这不是困惑，人要被做成什么样的存在（made to be），这才是问题。

在生活世界中，人不是一个预先就绪的概念，而是一个可塑可选的概念。人是一种自相关的存在，人的存在就是选择生活，就是选择存在方式，而选择存在方式就是创作自身，所以，人是人的作品。人的存在因其自相关性而不确定和不可测，因此人的存在有了命运。命运之不可测，不是指自然的偶然性，而是人为的创造性和自由度。命运由人们所做之事所定义，事可成也可能不成，命运不是自己能够独力完成的，而必定与他人有关，因此，命运是人与他人的关系，人际就是命运之所在。人的存在不是一种自在存在，而是互动存在，人的互动是创造性的，互动关系创造了一个仅仅属于人的世界，一个存在于互动关系之中的世界，一个不同于物的世界（world of things）的事的世界（world of facts）。不同的世界需要不同的存在论，所以要给不同世界以不同的存在论。不合适的存在论会误导问题和思想。

2　事与物

哲学的首要问题是事（fact）而不是物（thing）。尽管人们自古一心试图洞察万物普遍之理，但实在做不到，那需要神的能力。认为吾心包揽一切理的话语，实属流行文学。实事求是的哲学不能"向物而思"（to the things），而只能"因事而思"（from the facts）。要避免胡说，哲学就只能收敛为关于事的世界的思想。

当说某物是如此这般的，关于某物性质的断言限定了某物而把某物封闭起来，这种封闭性有助于获得关于某物的确定经验知识，但其中未见关于物的思想，思想已终结于其封闭性。物的形而上学把一切存在都看成有着既定本质的封闭个体（莱布尼兹会说是一些"单子"），个体物或个体人，诸如此类。物的形而上学中可明确定义的个体对于逻辑和科学是必要的假设，但这种假设并没有提出有意义的哲学问题。哲学与物无关而关乎事，所以需要一种事的形而上学。

在事的观点中，事是人在生活中的有意行为，物只是在事中出场的各种实在。物以其自然方式存在着（to be as it is），物的自在方式不可能自己选择别样的存在方式，如果不是自由意向所制造的不可理喻的变化，就没有制造出哲学问题。物只是知识对象，事才是思想问题，能给思想造成问题的是事而不是物。物从不打扰人，只是自在而已，但所有事都一定烦人，所以有问题。关于物没有思想之问而只有知识之问，物可知之而不可思之。物只是自然，自然必定而然，物的形而上学就此说完了，再说就是胡说了。只有不自然才产生奇迹或怪事，而奇迹或怪事才是问题，才需要思想而且百思不得其解。

如果问：物是什么样的？这是追问关于对象的知识，这件事情归科学。如果问：物有什么意义？这其实不在追问物，而是追问涉及此物之事。只有当物进入事才具有意义。物进入事，物的自身存在（being）就成为在事中的在场存在（existence），物因事而被赋予了其自身之外的价值，价值就是物被卷入事的方式。事乃有意所为，事的存在同时必是"意在"（means to be），或者说，事总是因意而在（to be meant to be），意至而有事，造事而生问题。事是人做的，人必须对人所创造的事情和问题负责任，需要人去负责任的事情才有哲学问题。

3　事的世界的创世问题

关于事的问题就是关于人要创造什么存在的问题。

心是自由的,自由就要出事。人能够造事意味着人有着超越必然性的自由,事包含了人的自由所能制造的所有麻烦以及所有困惑,自由是使存在生出问题的原因。如前所论,自然而然的存在必然如此这般,既然是必然的,就不需要我们替它构思,无须构思就不会把事情搞错,不搞错事情就一切都在秩序中,一切正常就不存在思想问题,所以哲学问题与"就这样存在"(to be as it is)无关,而与"就不这样存在"(to be as it is not)有关。换句话说,如果说物是自然而然的(to be as it is),那么,自由就是让事情不自然(to be as it is not),人类的成功和一切问题都出在这里。能够"非不这样"意味着,是什么样取决于做成什么样。在这里,存在论问题由"是"(to be)转变成"做"(to do)。

相对于物的自然存在,事都是创造。这一区别意味着,既然物的世界是必然的既定存在,物的世界的创世问题就不是存在论问题,而是神学问题,于是,关于物的世界的存在论问题都只能是后创世问题,或者说是属于人的"创世"(实为造事)问题。我们只问何物存在,无法也无权问何物应在,随便追问上帝的专利是一种僭越。与之不同,事的世界是人的创造,而且事的世界一直在创造的过程中,甚至永远不可能完工,其证据是,由生活所定义的事的世界没有普遍必然规律，生活世界始终存在于创造性和偶然性之中，因此，事的世界的存在论就无法回避创世问题，而且，创世问题正是事的世界之核心问题。to be 和 to do 的同一性，说明事的世界的存在和创造是同一的。

4　To be is to do

一般存在论的存在概念显然不足以表达事的自由性、创造性和历史性，所以不能表达事的世界的存在论问题。单纯的存在只是时间性的持续，没有历史也无所谓未来，这样的存在概念对于物的世界或许合适，但对事的世界就缺乏表达力。事是人的存在方式，所以人有历史有未来。未来不是现实的单调延续，而是事的预先概念。对于人的存在，生活因为未来而具有意义，根据未来而被定义和规划，因此，未来虽然在物理上在现实之后，但在思想上先于现实，现实是实现了的未来或是破产的未来。未来甚至在实质上先于历史，因为历史总是根据未来的概念和演化而不断重新书写，所以历史反而是最新的现实（作为真相本身的"历史"消失了）。对于人的存在来说，存在既不是"如其自然"（to be as it is）的一般存在论问题，也不是"如见所现"（to be is to be perceived）的一般知识论问题，人的存在是一个如何制造存在的问题。人存在于制造存在之中，人的存在是做出来的，做是在的实现方式。当"在"转化为"做"的问题，我们就要说，存在即造事（to be is to do）。

to be向to do的转化揭示了ontology所隐含的一种特殊的de-ontology问题，但这绝不是要以伦理学去取消存在论，而是说，在人的事情上，伦理学问题与存在论问题具有一种不寻常的形而上学一致性。在通常意义上，应在（ought to be）和存在（to be）是两个不能还原的问题，就像平行线不相交，但在事的世界这个不寻常语境中，人必须决定何事存在，于是，to be反而变成了ought to be的结果。这是一个以何种价值为准去创造世界的创世问题，是一个道义化存在论（deontological ontology）的问题。这个存在论的责任问题的极端表现就是莎士比亚问题"存在还是毁灭"（to be or not to be）。人必须决定让某事存在或不存在，甚至决定让事的世界存在或不存在，在此抉择面前，价值问题与存在问题交汇而同一。

5　Facio ergo sum

笛卡尔谓"我思故我在"（cogito ergo sum），胡塞尔进而证明了"我思其所思"（ego cogito cogitatum qua cogitatum），从而证明了意识的内在意向对象结构，这是唯心论的成就。但是，我思只能说明意识的内在图景，却不能说明事的世界的创造和运作。意识图景是我思以自身意向性构造出来的，而事的世界却是互动的实践行为形成的，多主体的互动问题显然不能还原为单主体的意识问题，简单地说，我思解释不了事的世界，我思（cogito）的说明力小于我作（facio）。既然我思不足以解释生活事实，那么就需要去发现另一个形而上学原则来建立关于事的世界的分析框架。既然在人的问题中，to be必须落实为to do，那么我们寻找的原则就是：我作故我在（facio ergo sum或I do therefore I am）。

to be落实为to do就是to be的人化。造事使存在变成一个价值事实而不仅是自然事件，人的存在也因此具有了价值，实然和应然合一了。我思是孤独的，而我作却创造了人际关系和互动行为，我思只是看见世界，我作却建构世界。存在的意义必定意在存在之外，我的存在所以制造了意义，就在于造事创造了我与他人的关系，把他人变成在我的事中的存在，正是他人担保和证明了我所做之事的意义。因此，我作不仅在实质上创造了我在，同时还创造了我与他人的共在，而共在关系创造并定义了事的世界。在这个意义上，"我作故我在"不仅是主体的存在论原则，而且是事的世界的存在论原则。

每个人都存在于与他人的共在关系中，每个人都不可能先于共在而具有存在的意义，在共在之前，每个人只是一个自然存在而尚未成为一个价值存在，严格地说，即使在自然意义上，个人也不可能存在而只能存在于共在之中。我思也许先验地拥有关于世界的概念，但我思本身不可能建构一个真实世界，就是说，我思本身只是想象了世界而并不拥有世界,我仍然无处可在。在创造共在而实质性地创造了事的世界之前,我只是个一无所有的虚在,即使有着完美的我思,我仍然没有世界而一无所有。只有当所做之事将我与他人化为共在,我才在共在中获得一席存在之地,我才不仅仅是个概念而成为在场存在。这正是中国古典哲学强调"做人"所暗含的深刻含义:人并不是在自然意义上"是"人,而必须在"做"中实现为人,而造事就是与人共在。因此,"我作故我在"先验地并且经验地蕴含着我与人共在而存在。

人本身并不具有存在论目的,人的存在意义是无着落的,这个问题在存在论中无法解决而成为一个釜底抽薪的隐患:假如人本身是无意义的,人又如何能够赋予万物各种意义?神学目的论提供了一种替代性的解决,它试图以神意去解释人的目的。但神学解释有个缺点:它证明的其实是神的意义而不是属于人的意义,人是依附性的因此缺乏自足意义,而缺乏自足意义就终究等于无意义。人必须能够就在人那里证明人的意义,那才是完美的解决。孔子把存在的价值论证限制为人间的在世证明,这是精明的思想选择。人自身虽不能自证其目的,却能在造事中创造目的,人通过创造有意义的事情而使自身具有意义,而所谓有意义的事情就是在其中人与人互相成为对方的意义,所以人在造事中请入他人而对所做之事的意义互相作证和共同作证,就是说,意义或价值不是一个事实,而是事实的一个函数值,一个人的意义或价值就是去成为另一个人的函数值。所以说，人本身无意义，生命本身无意义，人不可能因为自身而有意义，人必须造事，并且因为造事而获得他人给予的意义。造事创造的共在关系使每个人的存在意义在共在关系中获得互相印证，而互相印证的循环性表明人的意义就内在于生活中。

6 关系、奇迹和幸福

事的形而上学的基本分析单位是事，而事的内在结构是人的关系，不同事情意味着不同性质的人际关系。由各种可能关系所表达的事具有无限变化而决定了事的世界的创造性。中国传统哲学聚焦于事的可变性（易）而不是物的确定性，这个思想落点对于事的形而上学非常重要。

一般存在论乐于假定，一个存在的本质是这个存在本身确定不变的性质，而关系只不过是存在之间的外在联系，比如给定 x、y，那么由 x、y 的既定性质就可以定义其关系 R。这样的存在论或可解释物的世界，却不能解释事的世界。在事的世界中，关系是可以自由选择的，只有先选择了某种关系才能确定其相关存在具有什么意义。被纳入某种关系之前，一个存在及其本身性质并不能决定在事中的意义和价值，不确定而且不断变化的动态互动关系才是形成事的世界里所有问题以及对问题的解决之所在，就是说，在事的世界与物的世界里，函数公式是相反的。一种关系的特殊性决定了被卷入之存在的特殊意义，或者说，关系的选择决定了相关存在的在场表现，被选择的关系才是决定存在状态的因素，即从关系R去确定x、y的事中性质，在其中，关系掌握了主动权。所以，事的世界与物的世界有着完全不同的存在论问题。

规律与命运是完全不同的事情。规律是确定的和必然的，而命运是不确定的和创造性的。必然性和确定性是对奇迹和创造的否定，如果删掉了不确定性，就无所谓命运了。人有可能创造和修改命运，而正因为命运是可变的，生活才有意义。假如一切皆为天数，人谋无非徒劳，人就无事可做，也无事值得做，历史、成败、荣辱、善恶、爱恨、贵贱、幸福、自由、尊严等等就失去意义。严格地说，一切意义和价值都是创造性的奇迹。自由是奇迹，道德是奇迹，幸福和爱就更是奇迹，一切使生活具有光辉的事情都是奇迹。当to be化为to do，奇迹就成为可能，而奇迹的秘密在于那些可以创造的关系。

如果人们以个体为基本单位并且以个人理性（individual rationality）为准去计算利益和价值，必然导致冲突，而且冲突就是无解困境。只有当人们能够以关系原则或关系理性（relational rationality）为准去理解利益和价值，合作和幸福才成为可能。人们难以合作的原因与其说是自私，不如说是受限于个人理性。人性要求利己，所以利己不是错误，错的是人们往往没有意识到自私最大化并不等于利己最大化，而且，自私最大化也不能达到利己最大化。关键在于，最大最重的利益和幸福都是无法私自独占的，一旦试图独占，就反而失去了幸福和更多的利益。幸福的不可独占性颠覆了个体原则的绝对性和优先性，同时证明了关系原则的绝对性和优先性。以个体原则为准的存在方式必定陷入事与愿违的困境：自私最大化却达不到利益最大化，更别提幸福最大化，自私求福反而变成了对幸福的否定。自私个体的一切痛苦、孤独、无助、失望、迷茫、受挫感以及感受不到价值与意义等这些"存在论上"的深刻不幸，都是因为个体原则本身就拒绝了幸福。试图独得幸福就失去幸福，舍不得给人幸福就必定得不到幸福，许多人对这个真理视而不见，知而不从，这个思维障碍从根本上说是因为在个体原则所定义的存在论图景本身就是对幸福的否定。幸福只存在于关系原则所定义的存在论图景中。

当哲学对幸福的问题束手无策，人们就求助于宗教。宗教许诺在另一个世界里给人们幸福，虽有安慰作用，但彼岸世界永不在场的虚幻性却是个画饼充饥式的缺点。彼岸世界与真实世界无法兑换，生死之间是个无法跨越的存在论鸿沟，这一点决定了宗教无法给人具有实质意义的幸福。无论如何，人们真正需要的是一个可感知的世界而非一个概念上可能的世界，人们不能永远望梅止渴。尽管贝克莱相信上帝感知一切可能世界而使万物存在，但那是上帝的事而不是人的事，因上帝感知而在的彼岸世界对于人来说仍然不存在，这一点证明了彼岸世界的不完美，彼岸世界居然不可现实地占有，这个缺点是致命的。其实，"存在就是被感知"（to be is to be perceived）才是实在话，人想要的就是人可感知的存在，这才是靠得住的事实。

孔子的思想所以不可能为任何宗教所折服，其坚强之处就在于他强调在世问题必须在世解决才是完美解决。孔子或许承认神更伟大，但孔子不会因此重视神。尽管神更伟大，却并不能解决人们那些世俗的、可怜的、渺小的苦难，连小小的苦难都解决不了，所以不重要。"敬鬼神而远之"不是否认神的伟大，而是因为神没有在世效验。如把儒家理解为一种俗世主义，那是肤浅的理解，孔子追求的是世界的存在完满性：在一个世界之内必须能够解决这个世界的问题，这个世界才是完满的。儒家所以寄希望于人际关系，就在于人际关系是在现世内部去解决世间问题的唯一方法。这可以说是一种现实的理想主义：如果现实主义是好的，除非它同时是理想主义；如果理想主义是可能的，除非它同时是现实主义。

7　存在的亲疏远近

关系观点按照存在与当事人的价值距离去构造世界图景，关系所定义的价值距离就是存在与当事人的亲疏远近程度。一个存在与切身利益的相关程度是远近关系，与心灵的相关程度是亲疏关系。远近亲疏关系编织了一个向心结构的世界，一切事情都向心而在。这种向心关系不是物之间的客观联系，而是物在事中的在场表现。如果从物的形而上观点去看，每个物对于世界都同等重要，物本身无所谓价值，不分高低贵贱。在物的形而上学里，钻石好过石头，或者天鹅美过蛤蟆，那是笑话；但从事的存在论观点去看，每个存在因其与人的不同关系而被赋予不同的重要性和价值，而人正是按照事的观点在生活的。存在的向心关系尽管不是客观联系，却同样是真实事态。

人们用来理解存在的亲疏远近原则并非一种意气用事的观点，相反，它是一种更深刻的理性原则，有助于纠正现代对理性的错误理解。现代的理性概念强调每个人都优先考虑自己利益的最大化，这一假设表面上是理性的，但其中的利益概念却是非理性的，结果反而误导了理性。现代个人主义观点所理解的"利益"一般指个人可以独占的利益，相对地轻视对个人同样有利甚至更有利的无法独占的共享利益，至少是默认独占利益优于共享利益。对利益的这种理解就是非理性的，它是一种自绝于他人的单子式非理性。以非理性的利益概念去指导理性选择，结果难免是貌似理性而实际上非理性。人人追求最大利益，这没有错，但现代理论把利益的项目搞错了。较大利益优于较小利益，这个简单的数学判断是理性的，可是独占利益优于共享利益，这个存在论的判断却不是理性的。人们可能获得的最大利益未必是可以独占的利益，事实上，每个人可指望获得的大多数最大利益都属于无法独占而只存在于相互关系之中的共享利益，一旦试图独占，那些利益就烟消云散，例如家庭、爱情、友谊、信任、交流、互相理解、互相承认、互相尊重、互相帮助等等都是无法单边独占的共享利益。可见，利益不能理解为"独占利益"，而应该理解为"可及利益"（accessible interests），这样，什么是利益，就比较清楚了。因此，利益最大化的追求应该重新定义为追求自己可及的最大利益，这才是从目的到手段都符合理性精神的选择。这意味着，理性是一个与共在有关的概念，而不是基于个体存在的概念。

8 共在先于存在

根据事的世界的创世责任，事的世界需要一个与一般存在论（ontology of being）在基本问题和原则上都非常不同的共在存在论（ontology of coexistence）。

共在存在论以"共在"（coexistence）而不以"存在"（existence）作为存在论的基本问题，因此得以展开与一般存在论完全不同的问题线索。世界和万物的存在是给定的事实，也就已经是任何存在论的默认前提，就是说，存在之为存在，所以不是思想中的一个问题，就在于存在是一切事物的绝对前提，是一切思想的界限，不是在世界中需要去解决的问题，更明白地说，存在本身是一个无从思考、想了也没有任何结论因此不能想的问题。而在共在存在论中，存在不构成问题，决定存在何以存在的共在才是需要解决的问题。共在是可选择的未定状况，是创造性的动态互动关系，是可为的所以是需要解决的问题。共在存在论的基本原则是：共在先于存在。这意味着，任何事都必定形成一个共在状态，在共在状态中的存在才是有意义的可能存在，反对共在的存在是不可能的存在，因此，共在状态所确定的事物在场状态才是存在的有效状态。当某物尚未进入某事，它的存在是尚未在场的自在状态，任何物只有在事中与他物形成共存关系才能确定其在场的存在价值，任何人都是如此。选择一种事就是选择一种关系，选择一种关系就是选择一种共在方式，只有选择了共在方式，存在才具有在世意义，所以说，共在先于存在。

一般存在论设定以个体存在为单位去理解物，把物的本质看作一个概念所预先定义的独立身份，物之间就不存在创造性的关系而只有必然联系，这样理解下的物都是死物。此种一般存在论对于物理世界也许合适——其实也未必，至少对于量子力学或复杂科学来说就未必如此。传统的一般存在论设定似乎与科学不太协调——无论如何，一般存在论对于生活世界或"事的世界"肯定无效，而且对于生活世界是一种形而上学祸害。生活的一切问题都是人事问题,人事问题都发生在共在关系中,尤其是,人的幸福属于并且只属于共在关系,因此,以自我中心的个体原则去理解生活必定导致灾难性的误解而错过幸福。人的幸福对于宇宙万物来说是微不足道的事情,但对于微不足道的人类来说却是重要的事情。

9 最优共在原则及其证明

如果人是充分理性的,按照逻辑,就将选择良好的共在关系以便创造最大可及利益。然而现实并非如此,世界总是比人们想象的差得太多,总是远远达不到理想,尤其是现代以来的各种理想。世界是观念和行为造成的,如果有什么错误,一定是某些理想的错误。如前所言,以个人作为利益-价值的结算单位其实是一个非理性的概念,单边独享的利益是一厢情愿而缺乏远见的非理性幻想,在自我中心的非理性概念指引下,即使每个行动的算计方式都是理性的(符合个人理性标准),但由于不理解可及的最大利益总是附着于共在关系,追求排他利益最大化的行为终将事与愿违,其典型模型就是错过唾手可得的双边帕累托改进的囚徒困境。对合作构成挑战的囚徒困境的错误不在理性本身而源于被误导的理性,就是说,囚徒困境的根源在于把理性的概念局限于个人理性。给定个人理性的思维,也许囚徒困境就其本身而言是无解的。如果不改进理性的概念,在死守个人理性的条件下，博弈论恐怕难以获得积极的推进。因此，要解决囚徒困境之类的合作难题，就必须从根本假设入手，必须颠覆个体原则，从而改变人类思想和行为方式。

假如共在存在论被设定为人类行为的理论基础，共在关系能够成为利益-价值的计算单位，人们就可以更准确地理解什么是真正理性的利益最大化行为。良好的共在关系必定是普遍受惠的关系，至少是风险最小的存在状态，而风险最小化正是理性的首要标准，于是，最优共在原则就是合作最大化并且冲突最小化，也就是"无人被排挤"的普遍受惠原则。为了证明这个原则的普遍有效性，它必须能够成功通过"普遍模仿"验证。我设计这个博弈论的验证，一个主要的理由是，任何能够被普遍化的事情，总是等价于可以被普遍模仿的事情，就是说，普遍有效性与普遍可模仿性是等值的。这是一个合理的假设，但我相信这也是一个可证明甚至被每天的事实所证明的假设。关键在于，行为的普遍性蕴含着行为的对称性，即如果一个行为可以成为双向对称互动的行为，那么这个行为模式就覆盖了所有相似的可能性。对称性在行为中具体地表达为互相模仿，所以，行为的普遍有效性=互动对称性=普遍可模仿性。

现在假定存在一个通用的博弈语境，在其中每个人都是理性的，包括任何可能定义的理性。考虑到人性自私，可以将自私的个人理性设定为初始理性。那么假定每个人都理性地追求利益最大化，而且每个人都有足够的学习能力，足以学会他人的行为策略（白痴忽略不计，自愿牺牲的绝对高尚理想主义者也忽略不计）。在这样的条件下，人人都能在博弈过程中互相学习别人更高明即更占便宜的优势策略，且在接下来的博弈中会模仿所习得的优势策略。能力更强的博弈者不断推出更高明的策略以获得优势，但领先总是暂时的，高明的策略很快变成公开知识而被大家模仿，一直到各种优势策略都出现并且被普遍模仿，大家拥有足够饱和的共同知识和对称知识（所谓知己知彼），这时将出现"集体黔驴技穷"现象，大家都一致模仿被证明为最具优势的策略，于是达到普遍的策略均衡，此种稳定策略就非常可能转化为稳定制度和普遍价值观。

然而，并非每种稳定策略都是好策略或良好收益的策略。一个被普遍模仿的稳定策略有可能是人人受益的正均衡，也可能是人人利益受损的负均衡。于是还必须进一步确定到底什么是正均衡的普遍策略。这里选择的检验标准是策略模仿的"无报应性"：如果一个策略被众人普遍模仿而不会形成作法自毙的反身报应，那么，这个策略就是经得起普遍模仿的好策略，或反过来说，如果一个策略被众人普遍模仿，别人的模仿形成了其人之道还治其人之身的效果而导致始作俑者自取其祸，就证明它是个坏策略。能够通得过普遍模仿检验的策略、制度和价值观就被证明是普遍有效的普遍收益好事。根据这一标准容易看出，自私自利、见利忘义、忘恩负义、乘人之危、落井下石、姑息养奸之类的行为就经不起普遍模仿，这类行为一旦被普遍模仿，每个人都将利益受损，始于害人终于害己，显然不可取，而和谐、自由、公正、公平、互惠、共享等等将被证明为普遍价值。

普遍模仿测试很可能是最好的检验标准。可以把普遍模仿标准与负有盛名的康德先验标准进行比较。康德相信，从理性出发，任意一个人都会同意这样一个行为标准：我愿意这样做，并且同意每个人都这样做，或者说，如果我承认原则 x，那么我同意 x 对每个人普遍有效。康德标准足以证明一种行为原则是普遍的，但无法保证人们选中的行为原则是普遍好的，这就是康德形式主义的唯一缺点：形式管不住内容。类似地，程序正义是普遍有效的，但仍然不能保证普遍的实质正义。毫无疑问，实质不能被省略，如果忽略了实质，就等于什么都没有了。与形式主义的原则相比，普遍模仿检验能够从形式到内容都确保一种普遍原则是好的普遍原则。

10　和谐是最优共在策略

和谐原是先秦思想的一个核心概念，经过理论改良和重新定义就可以成为共在存在论的一个核心概念。和谐是最优的共在策略，因为和谐最充分地体现了合作最大化并且冲突最小化的共在原则。

丰富的可能生活，甚至任何一种可能生活都需要事物的多样性,几乎可以说,存在的多样性是每个存在能够生存的必要条件,一种存在单靠自身不可能生存,必须与另一些存在互相配合而共存,单一性是一种存在论灾难,所谓"同则不继",因此,共在(co-existence)是存在(existence)的存在论条件。而且,各种存在只有互相配合才能使每个存在达到其可能的最优状态,如果仅仅多样而不能兼容合作,则导致不可救药的冲突,同样是一种存在论灾难,所谓"争则乱"。因此,有利于一切存在的最优存在状况就是多样存在的兼容互惠合作,古人称之为协和,即和谐,这也是莱布尼兹所论证的最好可能世界的指标。就可能生活而言,人之间的和谐共在将使每个人的利益和幸福都获得改善,于是,和谐原则意味着:某一方X要获得利益改进x+,当且仅当,另一方Y必定同时获得利益改进y+,反之亦然。于是,促成x+的出现是Y的优选策略,因为Y为了达到y+就不得不承认并促成x+,反之亦然。和谐策略也可以理解为等价于每个人无例外都获得帕累托改进,即所有人共享的帕累托改进,它能够解决一般帕累托改进难以避免的单边受益问题。只有和谐策略才能产生人人同样满意的普遍受惠的利益改进。我愿意将这一和谐策略称为"孔子改进"(Confucian Improvement)以纪念孔子的一个简练优美的表述。[1]

---

[1] 孔子的原始表述是:"己欲立而立人,己欲达而达人。"见《论语·雍也》。

值得注意的是，和谐有时会被曲解为一种消极和平主义，即回避冲突的妥协策略，这种以妥协换和平的策略并没有解决任何冲突，只是回避冲突推迟矛盾而已，这种消极的"和谐"实际上不是和谐。和谐虽然自动地蕴含和平主义，但从根本上说，和谐是一种积极策略，绝非消极策略，和谐意味着必须并且能够以积极行动去解决矛盾和冲突。如果缺乏积极作为，和谐就没有什么意义了。回避冲突只不过是消极地掩盖矛盾而没有解决矛盾，得不到解决的矛盾总会更凶猛地卷土重来，因此，如果把和谐弱化为消极妥协策略，那么这不仅是误解，而且非常有害。先秦的"和同之辨"实质上就是关于和谐是消极策略还是积极策略的争论，不喜欢不同意见的君主试图把和谐歪曲为"同"，就是把和谐弱化为掩盖矛盾的做法，当时的学者就已经拨乱反正，清楚地把和谐定义为不同存在的积极合作方式。[1]

11　仁义即人义

仁义概念很好地表达了共在原则的道义性质与博弈优势的一致性。一般来说，抑制自私的高尚原则虽有道德优势，却未必具有生存优势或博弈优势，而假如道德原则缺乏博弈优势就没有可行性，必定被淘汰。这是伦

---

[1] 参见《左传·昭公二十年》《晏子春秋·外篇·第五》《国语·郑语》。

理学在追求高尚理想时的一个根本困难。现代个人主义迫使道德从高尚原则不断撤退到所谓最低限度伦理，可是最低限度伦理已经远离了高尚而失去道德意义，甚至损坏道德。古人以"取法乎上"作为价值选择原则是有道理的，见贤思齐虽未必能够成贤，但向上之心尚能保证"所得其中"，而如果取法乎下，堕落就势不可挡，可见所谓"最低限度伦理"实为姑息养奸的反道德观点。道德的根本难题是：高尚如何与成功一致？如何使道德优势兼备博弈优势？儒家对此给出了一个现实主义的解决方案，试图在平凡人性中去创造高尚，从而使高尚成为一个现实可及目标，即以合乎人情为基础去保证道德的平凡性，同时在人情所允许的可能性范围内最大限度地创造高尚，也就是去探索人情的上限，其中的方法论略接近冯·诺依曼的"最大最小策略"，不过冯·诺依曼的这个原则是讨价还价的一个解法，并没有伦理学的含义，而人情的上限即仁义却有显著的伦理意义。

仁的直接意义意味着任意两人之间普遍有效的可循环良好关系。仁在人心，因此，仁的扩展意义是：任意两人的人心之间普遍有效的可循环良好关系，简单地说，仁是良好的心际关系。仁还有深层的形而上学含义，被认为是人所以为人的存在论条件，所谓仁者人也，如果人而"不仁"就不是人而归入禽兽之列。这个有歧视性的划界标准很是严苛，却含有重要的理论意义，它意味着，人的概念是伦理人而不是自然人，是属于ought to be所蕴含的to be，而不是to be as it is，或者说，在生活世界里，人的有效概念是一个价值概念而不是一个生物学概念。由此可以理解孔子的仁者爱人并非爱一切自然人，爱只限于道德人，所以"唯仁者能好人能恶人"[1]。因此，仁是人成为人的条件，即道德人才是人的身份，自然人尚未成为人，必须通过人化过程（humanization）才成为人。仁就是人化，仁而成人（humanization makes human being）。这意味着，人性（humanity）不是自然人性（human nature）而是文化人性（human culture），人并非神造存在，而是人造存在，人只有把他人当人，自己才成为人，因此，人成为人在于互为成为人的关系。对人的这种定义与现代对人的定义完全不同。

仁的概念贡献了一个重要的形而上学思路，它构造了人间目的论，从而无须求助神学目的论去论证人的存在意义。仁意味着在人之间能够形成一个内在循环的价值证明，每个人作为人的意义由他人作证，因此，互相把人当人的互相作证的关系创造了人的价值。在理论上说，价值的互相循环作证模式比自我作证模式或上帝作证模式更完善，自我作证涉嫌自相关，而上帝作证又涉嫌不相干。只有在人的生活中能够给出人的存在意义和一切价值的理由，才真正证明了人的生活世界具有存在论上的自足性和完整性。

---

[1]《论语·颜渊》《论语·里仁》。

仁还只是做人的意识，仁的意识需要落实为与之对应的实践才成为事实，如果有意无行，想的都没做，仁就没有实现，就是说，我思（cogito）必须落实为我作（facio），知成于行才得到证实，所以仁心必须落实为义举，没有落实为义的仁不仅不完整，甚至无意义。仁的实现方式就是义，仁为体而义为用，仁为人心，义为人路。[1]孟子所以有资格成为亚圣，就在于发展了义的观念而使仁的概念有了实践意义。

义就是以实际行动与他人共命运。任何人的命运都由人之间的关系所决定，每个人都需要他人的承认、支持、帮助和成全，并且每个人都只能从他人那里获得承认和成全，在他人之外无拯救，在人间之外无拯救。既然只有人能成全人，人对他人就有不容辞的做人责任，是为人义（human duties。我原本译为human obligations，但人类学家Alain Le Pichon建议我译为责任感更强的human duties）。人义意味着两种道德义务：（1）先验义务：当他人遇到无法克服的困难，而我们有能力帮助他人，那么就有责任帮助他人。这种义务虽是"先验的"，但不是强制的；（2）经验义务，即一种特殊关系所承诺的特殊义务，可以表达为：如果a无条件地帮助了b，并且b自愿接受了a的帮助，那么，b就因此有了在a需要的情况下帮助a的义务。这种义务是大多数人所理解的"义

---

[1]《孟子·告子上》。

气",如果背弃了这种义务,就在伦理上被认为是不仁不义。

人义关系虽然很世俗,但在俗世性中却具有形而上的意义。人义意味着恩义的建构性、循环性和再生性,因此能够为不确定的俗世建立一种形而上的确定性。如果施恩是第一人义,那么报恩就是第二人义,只接受而不回报是对关系的背叛,对关系的背叛就是对他人的否定,这种背叛不只是一个具体事件,而是对人的价值的一种形而上否定。如果缺乏人义,帮助他人总是得不到回馈,恩义总是付诸流水,关系就有去无回而衰竭,情义用完之时就是人的意义终结之日。人义的形而上意义就在于它能够创造良好的无限循环关系而维持住脆弱易逝的情意,从而为生活世界内嵌了一种超越的结构,使超越性得以落地,因此,人义的重要性无论怎么估价都不算过分。

仁义是朴实又深刻的道德选择,不仅具有道德优势,同时兼备生存优势。孟子相信仁者无敌[1],并非无稽之谈。兼备道德和生存双重优势的道德策略不仅是伦理学的成功,而且也是存在论的成功;不仅是对生活问题的道德解决,而且是对生活问题的一个形而上解决。如果说人权概念保卫了个人利益和权利而无比重要,那么人义概念则保证了循环不竭的恩义关系而同样无比重要。

---

[1]《孟子·梁惠王上》。

人权和人义正好形成互相配合，无论缺少人权还是缺少人义，都同样会造成人的存在悲剧。

12　存在的高贵化

生活的根本问题就是选择什么样的可能生活，于是必须追问，什么是我们真正在乎的事？什么是我们不能让步的事？什么是我们不能接受的事？什么是我们非要不可的事？最彻底的问题是，什么是虽死不弃的事？凡是不如活着重要的事情都没有本身的意义而只有功利用处，而比活更重要的事情就是具有超越性的事情，也就是生活的意义所在。死也不弃的事使人类生活具有超越性而使人成为高贵的存在。

如果存在仅仅是为了自身存在，存在就没有创造意义，而只是一个自然过程。只有当存在居然指向自身之外的存在，才因此创造了意义，当存在意在创造高于自身之存在，人就把自身的存在高贵化，当生命具有了高于自然的性质就成为了生活，如果生活只是为了生命，生活就退化为生物活动。人之所以尊敬舍生取义、舍己救人的行为，就在于此类行为把他人高贵化并且因此也把自己高贵化，而高贵化的行为重新定义了人的概念。在这个意义上，人能够背叛人的概念。当人在高贵化的行为中背弃了人本来的自然概念，人就成为超越的存在。列维纳斯把作为生命的他人理解为超越的存在，这其中有敏锐的问题意识，但似乎提出了一个悖论性的问题：行尸走肉的人或者穷凶极恶的杀人犯的行为就是在取消人的超越性，又如何能够成为超越的存在？列维纳斯只好把他人都理解为上帝的形象代表，这个论证显然不成立。试图消除人的超越性的人不可能代表任何超越性。

但是人的超越性也不能超越人的可能性。最高的存在比如自然规律或上帝高而不贵，它高于人但不属于人，因此与人的高贵无关。只有超越个人但并不超越人的可能性的事情才是高贵的。当人立意高贵地存在，就会创造生活奇迹。最大的生活奇迹并不是丰功伟绩，而是给人幸福，这是最平凡的事情，却是深刻的形而上行为，这种平凡的行为不以任何平凡的利益为目标，因而以平凡创造了不平凡，具有了高于自然生命的自然欲求的超越性。幸福是来自他人的高贵礼物，如果舍不得给他人幸福，也不能得到来自他人的幸福，一个人就自绝于幸福世界。一个拒绝幸福世界的人不可能是高贵的，因为他没有一个虽死不弃的幸福世界留给他人，他没有给过别人高贵的幸福，也没有得到别人的高贵的幸福，他根本就没见过高贵的事情。

高贵的事情定义了一个好世界的基本品质。维特根斯坦是对的：既然世界的存在是无可选择的，所以世界存在不是问题。但我们也注意到，虽然"世界的存在"不是问题，可是"世界"仍是个问题，更准确地说，世界的品质是个问题。对此维特根斯坦说得不多，但他显然懂得这个问题，他说："世界和人生是一回事"，"幸福的人的世界与不幸的人的世界是不同的世界。幸福的人的世界是一个幸福的世界"。[1] 幸福世界正是维特根斯坦所发现的在知识中不可说的一个问题，所以维特根斯坦对幸福语焉不详。要言说幸福问题，显然需要另一种说法，必须在思之哲学（philosophy of mind）之外由心之哲学（philosophy of heart）去言说。心中是否存在高贵之事就是不幸的世界与幸福世界的分界，而高贵的事情却不是为了自己之心，必须落实为心外的行为事实，即给他人一个幸福世界，因此，幸福是属于复数主体的共同事实，不是孤独心灵对自己的想象。生活中一切有意义的事情都属于复数的主体。

13 复数真理与特殊必然性

如果一件事与众多主体有关，围绕这件事就会形成多维有效的真实关系，这些关系具有同样的真实性（actuality），因此，关于同一件事就必然存在着同样有效的多种经验——经验各异而同样真实，这个事实导致意见分歧但不至于让人不快——但是，随之而来的问题是，真实的不同经验就暗示必定存在着围绕同一件事的多种

---

[1] 维特根斯坦：《1914—1916年笔记》，1916-07-24；1916-07-29。《维特根斯坦全集》第一卷，陈启伟译，河北教育出版社，2003年版。

真理，它们是围绕同一件事的不同真实关系的如实表达。这个推论就令人不快了，因为人们通常相信对于同一个事情应该有同一个真理，即真理总是"一"而不能是"多"——令人讨厌的意见（doxa）才是"多"。

不过，我关于多真理的理解并不属于真理多元论或相对主义，只是承认真理是个复数，仍然反对相对主义，即承认真理的必然性。我发现关于复数真理的论证可以十分简单，简单到让自己吃惊，只需要一步的推论，即，如果对同一个事情的不同经验是同等真实的，那么，对于同一个事情就可以有不同而等值的真理。这里建议了复数真理的概念，但不是相对主义，而是复数的必然性。关键在于，那些基于各异经验的复数真理并非普遍必然为真，而仅仅在各种特定关系中特殊必然为真——通常相信真理都是普遍必然为真的，这恐怕是个错觉，在许多情况下，真理可以特殊必然为真。于是，关于同一件事情的各种真理有可能互相矛盾而又同时为真，这是矛盾律失效的情况，可见矛盾律并非绝对普遍有效，量子力学在事实上支持了这一点。比如，当说到"X是好人"，这是关于事的判断而不是关于物的判断，显然，X的物理性质或生物性质里不包含"好人"这个属性，就是说，X不可能就其本身是个好人，"好"并不是属于X本身的固定不变性质。可以看出，上面的陈述句是个省略句，"X是好人"的完整意思是，X是好人，当且仅当，X对于Y是好人（因为X和Y有好关系）。同理，X也可能是坏人，当且仅当，X对于某人P是坏人（因为X和P有坏关系）。显然，只有落实到具体关系所定义的语境，才能确定某人某事的好坏以及好在哪里，严格地说，只有能够确定"好在哪里"才能判断"是否好"。重要的是，"X是好人"和"X是坏人"这两个互相矛盾的命题可以同时特殊必然为真，因为它们分别基于同样真实的关系事实或者经验事实。

"X是如此这般的，当且仅当，X与Y有关系R"这个命题形式是事的世界的一个形而上学基本原则。显然，X可以在多种关系中形成不同的在场表现，比如说，X在某种关系语境c里对某人穷凶极恶，但在另一种关系语境d里对某人无私帮助，这两种在场表现同样为真，因此存在着关于X在不同关系中的各种特殊必然真理。这是一种非独裁的真理观，或者说复数真理观，它意味着，对于生活世界中的事情，肯定存在着多种特殊必然真理，但是否存在着关于生活世界的"某些"普遍必然真理，仍然是个开放的问题（原来文本否认了生活世界的普遍必然真理，过于武断了，这里修改为存疑态度。我在后来的研究里发现，对于生活世界，或可能存在少量的普遍必然真理，比如满足对称性的某些真理，例如我试图论证的共在原则、关系理性原则以及孔子改进原则就有可能是普遍真理）。

不过，复数真理观只适合事的知识而不适合物的知识，前者属于人文，后者属于科学。在科学或数学里，几乎不可能存在着互相矛盾的真理，因为科学或数学处理的是事物的"同样的"关系而不是不同经验里的不同关系。需要强调的是，事的知识虽然允许多种特殊必然真理，但同样拒绝真理的主观性，即特殊必然真理不是以主观意见为准，而是以特殊的经验事实为准。就是说，"X是如此这般的，当且仅当，X与Y有关系R"绝不等于"X是如此这般的，因为我觉得X是如此这般的"，前者是特定关系R所导致的一个必然事实，后者纯属主观感觉。复数真理观意味着事的知识是多路径的，道虽不同，却都是通向事情本身的有效路径，没有理由歧视某种道，那样对事对人都不公。要理解各种特定之道，就需要无限包容能力之道，所以我想象了一种"无立场"思维，流动于各种立场之中而绝不固执于某种立场的动态思想。

14　一个能够容纳复数真理的世界

如前所言，共在存在论研究的不是物的世界而是事的世界。事的世界由各种人际和心际关系组织而成，如果说万物只是一理，那么万事自有万理，因此，事的世界必须是一个能够容纳复数真理的世界。

共在存在论的核心问题是事的世界的创世问题，也就是如何创造一个使人的存在能够获得意义、使生活具有意义的世界。共在存在论是一种内含道义观点的存在论，它从"应在"去考虑"存在"。虽然从 to be 推出

ought to be是不可能的，但从ought to be去选择to be却是可能的。既然事的世界是做出来的，就必须对做什么负责任，这是事的世界所特有的存在论责任问题。事的存在论责任就是对事的相关者负责任，因此，事的存在合法性就不是个人的自身存在而是共在。共在的最优可能性就是普遍受惠或至少普遍无害的关系，这是构造事的世界之存在论理想，我想说，最好的可能世界就是天下。

（原载《哲学研究》2009年第8期）

{ 五 }

时间的分叉：作为存在论问题的当代性

1　博尔赫斯的花园

存在于《特隆百科全书》里的"特隆世界"以心理学为其唯一基础学科，而其他所有学科都是心理学的分支。对于特隆人，宇宙只是思想过程，因此，宇宙的存在就只有时间性而没有空间性。既然一切存在者都只显现在心理过程中，特隆世界的形而上学就只是"幻想文学的一个分支"，于是，特隆哲学家们"不研究真理或真实，而只研究惊奇"[1]。博尔赫斯的小说《特隆，乌克巴尔，奥尔比斯·忒蒂乌斯》所展现的想象力本身就真正是个惊奇：想象一个子虚乌有的世界已然不易，虚构一套关于世界的学问就更是匪夷所思。摆脱了空间负担

---

[1] 博尔赫斯：《博尔赫斯短篇小说集》，王央乐译，上海译文出版社，1983年版，第17—37页。

的世界或是不真实的,至少在人类有限的物理学里是难以理解的,但那个没有空间性的世界却因此能够彻底摆脱唯物论的拖累,这对于唯心论似乎是个好消息。可惜笛卡尔、贝克莱、康德和胡塞尔一直都没有机会听说这么好的消息,只好苦苦而徒劳地在内在意识里寻找能够说明外在真实世界的真理,以便证明万物皆备吾心。既然特隆文化所理解的世界摆脱了空间问题的拖累,那么,意识就是世界,世界就只有惊奇。严格地说,这个想象摆脱的不仅是唯物论,其实同时也摆脱了唯心论——如果意识就是世界,也就无所谓唯心了。

无空间而只有时间的客观世界或许并不存在,而只有时间的主观世界在意识中却是可能的。唯心论虽然无法对外在世界做出确保其真实性的断言,却痛痛快快地敞开了意识本身所蕴含的问题,尤其是关于时间的问题。对于物质世界,仅有时间确实不够,但对于纯粹的存在,不断之持续性就意味着存在,因此有时间足矣。存在之本就在于时间性,意识之本也在于时间性,两者的同质性使意识得以仅凭自身的主观性而创造出纯粹意识对象的存在。时间虽是一维,却有弹性,能够撑开而"共时地"(synchronically)容纳众多对象,因此共时性可以解释时间所敞开的非空间性的内在空间性,尽管它不是实在的广延而是逻辑空间,但已足以解释一个无广延的世界如何存在于意识中。

根据胡塞尔完美主义的唯心论,意向性之光的投射就生成了凝结着意向意义（noematic sinn）的意识对象（noema），或者说，意义构造了对象，于是，在意识中出场的主观世界就是意识已完成其构造的内在对象，这意味着，意识对象总在现在完成时。即使当下我们想象了一种未来，这个想象也只属于现在完成时的意识，并非那个属于将来时的未来，而且，意识对未来的想象也不能预定真实到来的未来，更没有被未来的真实所充盈（fulfilled），因为未来尚未存在。既然意识无法一厢情愿地把未来构造成一个确定的真实对象，未来就不在意识的城堡之中。于是，未来终究落在意向性之光的外面，意向性被意识之墙限制在意识内部，意识被迫止步于它无力确定的未来。这样的话，意识所构造的主观世界就不是一个贯穿无穷时间的完整世界，意识无法穿透未来，因此未来落在主观性之外。看来，唯心论把主体性理解得太像上帝了，就好像意识能够构造一切对象，可是在未来面前，意识的魔法失灵了，意识无法主观地决定并且构造未来，意识的权威和构造能力仅限于现在完成时，因此，人只是一个有条件的、有限度的主体，而不是一个能够把一切事物变成对象的绝对主体，人的主体性在未来、历史、外部世界和他人那里失去了主权。

对于超时间绝对存在的造物主而言，未来和无穷性都不是难题，只要造物主乐意，无穷时间和无限存在可以同时出场，类似于瞬间穷尽了无穷多数目。唯有神占有全部时间，因而拥有无穷存在。可是对于存在于时间中的人，未来尚未存在，而是在人之外的未定可能性，不可知的可能性就像神一样具有超越性，人无法对尚未存在的无穷可能性进行有效的比较，也就永远难以决断，永远不知道什么是更好的，意向性只能踌躇不前地滞留于现在完成时，而实际行为的选择永远具有赌博性。除非意识放弃自由，按既定惯例行事，使未来行为成为现在的复制，意识才有确定的前行意向——然而重复不是前行，因为重复性的前行方式正好否定了未来的未来性。假如失去了不可测的未来性，未来就等于现在，重复存在意味着尚未进入未来，所有与未来性有关的事情和经验，期待、创作、冒险、惊喜、挫折，都消失在我们的自身复制中。这里并不是贬低存在的重复性，相反，永远重复就几乎意味着永恒，而永恒是伟大的，问题是，人没有获得永恒或享有永恒的资格，人类注定疲于奔命。我们只好承认，意识主体性所构造的主观世界永远不可能是完整的，总有一半尚未存在，意向性之光是有限的，世界总有一半在黑暗的无穷性之中。这正是主体性的难处：人是生活和历史的作者，却对自己的创作和命运毫无把握。

博尔赫斯在另一篇小说《交叉小径的花园》里揭示了关于时间概念的关键问题。书中那个古代中国建造师的遗作令人费解，似乎处处矛盾百出，就像是一个让人迷失的路径交错的花园，它暗藏的谜底是无穷分叉的时间。通常，在面临未来的多种选项时，我们只能选其一而排它，所以贪心的人永远"痛失"众多可能性。可是那个作为概念的神奇花园却超现实地"同时选择了所有选项，于是创造了多种未来，多种时间，它们分离又交错"，于是产生了互相矛盾的种种结局，但结局并非结束，而是通向其他更多分叉的出发点，因而未来总在步步分叉中无穷演化。交叉小径花园的作者"不相信单一绝对的时间，而相信存在着无限的时间系列，存在着一张分合平行扩展的时间之网"，这张不断分叉的时间之网包含了一切可能性，因此"时间总是不间断地分叉为无数个未来"[1]。这就是自由选择的困境：无穷分叉展开的未来永在意识的能力界限之外，尤其在理性能力之外。

时间分叉打破了时间流畅的一维性，导致了时间断裂和分裂，使投向未来的意向性永远处于尚未完成或不可能完成的状态。既然未来永远是个谜，那么，投向未来的意向性就不可能生成确定的意义而陷于未来的迷宫之中：一切互相矛盾的可能性都是同等可能的选项，没有事先预定的优先排序而平行铺开在现时之中，并且在更远的未来里还可能互相交叉或互相转换。不可测的未来撕裂了意向性，使之难以凝聚，使理性无法理性地到达一个合理结果。事与愿违成为未来性的一个性质。

---

[1] 博尔赫斯：《博尔赫斯短篇小说集》，第69—83页。也参见《博尔赫斯文集·小说卷》，王永年、陈众议等译，海南国际新闻出版中心，1996年版，第128—140页。

作为时间分叉的多种未来可能性虽然共时地存在，却提出了不是共时性的问题，而是关于当代性的问题。这两个问题有所不同：当代性——"与时间同在"（contemporary）不同于共时性——"在同一时间里多个事物同在"（synchronic）。在某个时刻，多个事物同时存在，我们意识到这些事物的平行状态，却没有意识到时间本身，也没有去反思我们与时间的关系；当我们意识到时间分叉为多种尚未存在的可能性，而且还将无穷分叉为更多可能性，此时意识的焦点不是落在事物上，而指向了时间本身，或者说，指向了时间的时间性，以及我们与时间的同在关系。意识到与时间同在，从而意识到意识自身的时间性，这就形成了当代状态。在这个时刻，既然已经赶上时间而与之同在，时间不再是给定的道路，我们就必须引领时间，必须在时间中为时间选择一种未来，可是，时间只给了主体盲目的领路权却不给解释权，所以我们还是无法解释未来。

2 意识的时间纪年

奥古斯丁无法回答"不问时原本是知道的"时间是什么，是因为无法给时间一个定义——时间已是最基本的概念了，可以用来定义其他事物，却无法由其他事物来加以定义，或者说，时间可用来解释别的事情，而不可能被解释，因此，对时间的最好解释也不过相当于同义反复。奥古斯丁想必熟知柏拉图对时间的经典解释，他没有援引柏拉图自当另有原因。柏拉图给出的是对时间的一个迂回解释：宇宙的原型是永恒存在本身，造物主根据原型创造宇宙，可是宇宙始终变动不居，并不能表达原型的无变化永恒性，为了解决这个难题，造物主创造了时间之秩序作为"永恒的形象"（image of eternity），有序的时间（chronos）以数列方式的无穷流变去勉强地表现永恒性，无穷性虽不等于永恒本身，但近乎永恒性。[1]过去、现在、未来表达的是生成过程的形式，可以用来谈论事物的生死，却不足以表达永恒之永在，"对于永恒之在，过去、现在和未来这些划分并无意义，永恒之在'一直是'，而绝不是'过去是'，也不是'将来是'"[2]，柏拉图如是说。考虑到奥古斯丁是发现"我思"问题之第一人（笛卡尔则是发明"我思"理论的第一人），或可猜度，奥古斯丁已敏感到时间是属于我思的主观形式，即时间是内在的，不是外在的，因此不愿采用柏拉图的客观时间理论。柏拉图的时间概念显然更适合说明自然时间，并不能解释人的时间性，即具有历史性的时间。创造世界不是人的工作，人只能创造历史，不能创造时间，却创造了时间的历史性。

给时间赋予可感的形象能够增进人对时间的理解

---

[1] Plato: *Timaeus*. 37c-d.
[2] Plato: *Timaeus*. 37e-38a.

吗？孔子的川上名言就是与时间相关的一个经典形象，可孔子语焉不详，于是我们可以追问：流失的到底是什么？是时间还是事情？如果时间永无断绝地流走而又到达，时时如一，时时正当时，那么，时间流失了吗？无独有偶，赫拉克利特也有个流水的隐喻，通常概括为"人不能两次踏入同一条河流"，但这并非原话。赫拉克利特的流水言论最早载于柏拉图的《克拉底鲁篇》："相传赫拉克利特说：万物皆动而无物驻留。他将其比作河流，他说你不能两次踏进同样的水流。"[1]由此可见，赫拉克利特的意思是清楚的：流变的是万物而不是时间本身。

另一个同样著名的时间形象是无穷直线（谁发明的？待考）。直线虽不如流水那么逼真，但直线对人的特别诱惑在于，它能够把不可分的时间转换为可分割的段落，这样似乎可以变相地使时间"停下来"而加以分析。但这是个可疑的诱惑。假如时间真如直线那样可以分割，那么芝诺就确有理由宣称那些关于时间的悖论，例如阿喀琉斯追不上乌龟或飞矢不动等，就是说，如果时间真的可分，那么芝诺诡辩就是对的了。然而，当直线最终被分割为没有长度的点，时间就更神秘难解了，时间似乎消失了。博尔赫斯发现：假如每个现时是一个没有

---

[1] Plato: *Cratylus*, 402a. 赫拉克利特关于流水的隐喻另有三个古本记载，但都晚于柏拉图。参见汪子嵩、范明生、陈村富、姚介厚：《希腊哲学史1》的文本分析，人民出版社，1997年版，第440—446页。

长度的几何点,那就意味着现时一半在过去,一半在未来,现时为空,于是"我们不可能想象一个纯粹现时,因此现时等于零"[1]。如此看来,化线为点并不是使时间停留而加以思考的恰当方式。顺便一提,比起录像,照片倒是具有让时间停留的效果,照片是可以凝视的,而专注不走的凝视是形而上的,正是形而上的凝视留住了时间而使时间具有可以思考的历史性。与无法凝视的录像相比,照片更具形而上意义。

存在是时间性的,意识也是时间性的,于是两者有着形而上的相通性。既然意识具有时间性这一魔力,也就理应能够把握存在,也因此能够构造一个仅仅属于意识的主观世界,所有的唯心论者都注意到存在与意识在时间性上的一致性,因此都试图借助意识的时间性而直达存在。这种努力可以表达为唯心论的一个公式:主体性构造客观性(subjectivity constitutes objectivity)。从笛卡尔、康德、柏格森到胡塞尔所建构的主体性都基于有魔力的内在时间意识。内在时间是主观时间,它并不是自然时间的对应形式,而是意识自身的运行方式,或者说是意识对自身的意识形式。内在时间与存在的外在时间又如何能够相通?我们能够证明意识和存在都具有时间性,但还不能证明能够以意识去充分理解存在。

---

[1] 博尔赫斯:《时间》,见《博尔赫斯文集·文论自述卷》,王永年、陈众议等译,第195页。

如果没有内在时间，人就失去主体性，就只是与万物无异的自然存在。内在时间永为现时，每时每刻都是现在进行时，因此超越了流失。自我意识以现时为原点和出发地，让意向性双向地投向过去和未来，在过去和未来里形成任意远近的意向落点，就是说，意向性可以任意安排事件的显现顺序。在这个意义上，蒙太奇本就是意识自身的一种构成方式，无怪乎德勒兹发现时间意识与电影艺术之间有着互相解释的关系。[1]无论是五千年前还是昨天的事情，无论各自与现时的真实距离有多远，在意识中都与现时等距，同样都具有现时意识的同时性。虽然历史事件按照自然时序而被记载，但所有的记忆却只有同一个时间，即现时意识中的"过去那时"；同样，所有的未来，无论什么时候来临，都是现时意识中的"将来到时"。

年月日是外在时间的纪年，而那时、现时和到时——更通常的说法是过去、现在和未来——则是意识内在时间的纪年。对于意识来说，年月日是记事的技术刻度，用于给事情的发生顺序记流水细账，却对时间的本质无所说明，而过去、现在和未来才是时间意识的自我解释，表达的是事情在意识中的出场方式，所以是意识自身的纪年。

既然过去和未来都在现时里出场，现在进行时就是

---

[1] 参见德勒兹：《电影2：时间–影像》，谢强、蔡若明、马月译，湖南美术出版社，2004年版。

主体性的唯一时态，是意识自身的"正时"，既是时间的原点和出发地，也是时间两面的分界线，它把一切现实的划为过去，而把一切可能的划为未来。在这个意义上，现时确是空无（同意博尔赫斯的说法）。正因为现时本身为空，才有"空地"去邀请并接纳过去和未来的出场，因此现时也就成为时间的召集者。当意识把过去和未来召唤到现时中来，过去的任何一个"那时"就不仅具有那个时代的当代性，也因现时之召唤而具有现时的当代性；同样，未来虽然尚未存在，却作为现时的可能前途被召集出场而具有当代性。

3 告别而不知如何出发

与意识不离不弃如影相随的现时既然包含了过去、现在和未来的一切时刻，现时就既是一个告别的时刻，也是重返的时刻，又是出发的时刻。博尔赫斯通过时间分叉效应思考的是意识朝向未来的一面，而既然现时是两面朝向的，博尔赫斯的时间分叉效应也应该两面有效，过去的事情和尚未实现的可能性都同样作为"分叉"的思想问题而在场：我们不仅有着分叉的复数未来，也有着分叉的复数历史。

现时既然是意识的唯一时刻，也就是意识的恒定点，因此，现时永远都是主观时间的当代。所有事情都是现时中流走，因此现时总是一个告别的时刻，一切可能性又在现时中到达,因此现时又是出发的时刻,但如果告别而不能重返,告别就意味着丢失,而丢失的不是时间,而是历史。自然时间富有一切,挥霍不尽,它既不看管,也没有责任去看管历史,一切发生了的事情都会随着自然时间的流失而永远消失,而意识却能够实现重返。然而,能够重返的不是事情——过去的事情终究是消失了——而是事情的意义以及存留的问题。正是意识的重返创造了历史,所以历史总是当代性的,绝不是对消失的事情的复制。在这个意义上,意识通过重返将过去的任何问题当代化,也因此创造了时间的历史性。当代性并非附着于自然时间的亲历性,而是召唤"那时"的现时性。当代性超越了时间的流逝而把那时拉入此时,那个重返的那时也就变成了一个可以重新出发的此时。既然意识之永时是现时,当代就不是时间顺序中的一个时段,而是过去和未来双向来到现时的汇集状态,也就是所有时刻一起在场的状态。在自然感觉上,我们可以觉得时间在流向过去,也可以觉得在流向未来,但如果从历史性去看,过去和未来都同时双向地流向现在。因此,克罗齐有理由认为一切真正的历史都是当代史:"当代性不是某一类历史的特征,而是一切历史的内在性质"[1],而过去之所以值得研究,是因为当代问题关联着过去的问题

---

[1] 克罗齐:《历史学的理论和实际》,傅任敢译,商务印书馆,1997年版,第2—3页。

而使过去具有了当代性。[1]然而,当代性却不仅是个史学问题,而且更是一个存在论问题,甚至是一个关于人类自身的神学问题。

意识虽使人成为主体,却又因为并非全知全能而不可能成为绝对主体,只能是受限于世界的卑微作者,只能创造历史而不能创造世界,因此,主体性暗含着自我否定的悖论性:人无法自证他所创造的生活的价值和意义,就是说,人的创造活动同时把他所创造的事情置于可质疑的境地:我想了,也做了,但这只证明了这是我的选择,并不能因此证明所想所做的意义。这里有必要重新解读笛卡尔的潜台词:我思能够自证,这一点是无疑的,因为我思不可能怀疑我思本身,可是我思却无法自证其所思是无疑的,因此,即使我思绝对无疑,所思依然可疑。笛卡尔也因此止步于对我思的证明而没有贸然去证明所思的绝对性。这或许可以说,笛卡尔早就暗示了主体性的困境。可是,按照唯心论的逻辑,笛卡尔止步于我思是不可接受的,它会导致主体性半途而废,于是,所思也必须被证明。从康德到胡塞尔都试图证明无疑之我思能够直接并且内在地保证无疑之所思,从而完全证明主体性的先验自足性。

那么,意识有什么可用于自证的资源?最优答案是"时间",准确地说,是内在时间。把时间理解为内在意

---

[1] 克罗齐:《历史学的理论和实际》,傅任敢译,第12页。

识，是康德和胡塞尔的天才之见。既然时间成为了意识的自我解释，驾驭着时间的意识就能够自我解说主观世界，我思就应该足以解释所思。这个简洁的成就似乎证明了唯心论的胜利。对于如此精进的唯心论，估计笛卡尔会佩服，但未必会放心，因为意识拥有一个内在于意识的对象世界只能证明意识自身的完整性，却不能替代或解决外在世界的真实问题，即使意向性可以在意识内部达到意得自满（fulfilled），却仍然难解身处外部世界之忧——海德格尔为之忧心的"被抛于世界中"的状况点明了这个存在论问题。自足之"心"并不能解放被支配之"身"，只要身仍是"被缚的奴隶"，心的自由就是有限的，人终究不可能成为绝对意义上的主体性，只能是具有双重性的主体性，一个自主的 subject 而同时 subject to（受制于）更高的自然存在。

存在论问题在事实上都落在了意识的知识范围之外。既然凡是已经知道的都属于过去，那么，意识无法认识的一个主要事情就是未来，或者说，意向性支配不了未来性。未来既不是必然的也不是现实的，所以不可知。无论是康德还是胡塞尔都无力解决休谟问题。当我们所面对的问题既不是必然性也不是现实性而是可能性，主体就离开了知识状态而进入创作状态，此时主体在创作状态中赶上了时间，与时间同在，即处于过去的已经过去而未来尚未到达的临界状态，所谓当代状态，既是告别的时刻，也是必须出发的时刻，可是，告别不容易，出发更难,往何处出发?

假如能够给未来创造一种必然性……这可想多了。只有能够创造整个世界才能创造必然性。显然,创造必然性是属于造物主的存在论问题,人无能也无权过问。按照莱布尼兹的理论,造物主是世界存在的"充足理由"。莱布尼兹声称"充足理由律"是逻辑的一条基本原理,而后世的逻辑学家几乎都不承认这样一条逻辑规律,其实这是一条冒充为逻辑规律的存在论原则。这是颇值得玩味的一个问题。充足理由原理要求谓词完全而必然地包含在主词之中,显然是一个存在论原则,超出了逻辑的真值判断范围,难怪逻辑学家不同意把莱布尼兹的充足理由律当成逻辑定理。然而,如果这是一个提给造物主的问题,情况就有些不同了。对于造物主来说,逻辑学和物理学是同一的,或者说,思想与事物是同一的。创造世界的同时就创造了运动和时间,在这个情况下,充足理由律就既是逻辑规律,同时也是物理规律。创造世界是绝对意义上最大的事情,但对于人来说,创造历史就是最大的事情,这是人唯一能够自由做主的存在论问题,人的创造就是在诸多可能性中进行选择,而选择可能性就是创造历史,它是属于人的创世论问题。[1]在缺乏必然性的情况下对可能性做出选择,造事(facio)的问

---

[1] 我在《第一哲学的支点》一书里对此有详细论证。生活・读书・新知三联书店,2013年版。

题就超出了思想（cogito）的问题。行动不可能等待思想去发现必然性，而行动面临的未来也不具有必然性。未来不是想出来的，而是做出来的，或者说，未来通过行动而存在。人选择某种可能生活，类似于上帝选择某个可能世界，因此，造事（facio）即创作（creo）。尽管创造历史与创造世界相比微不足道，却同样涉及的是本源性的问题，同样经历着开端状态，同样试图解决一种创造的问题。

生活的任何时刻都有可能成为创世状态，因此，当代性并不专属于某个时期，既不是公元元年的特性，也不是公元两千年的特性。为什么当代不是时间中的一个时段？因为过去、现在和未来构成了不断无隙的连续流程，无处可以插入"当代"。假如把当代等同于现在，既多余又误导，显然并非所有的"现在"都具有当代性，因为并非所有的"现在"都构成了历史的开端或者时间的断裂，而往往只是对过去的重复性延续。所以说，当代性并非时间属性，而是一种存在论的状态，是给时间留下断裂刻度的机缘，按照德勒兹的用语则可以说是时间的"褶子"。人的存在的关键就在于当代性，它是反思"自由"、"可能"和"未来"等存在论问题的机缘。

假定造物主的创造就是把最好可能世界实现为现实世界，那么，人的创作就是把可能生活实现为真实生活——好不好就无法事先知道了，而且由于无法认识无穷性，也就永远不可能知道是不是最好的可能生活。这意味着，人成为主体之时，时间就不仅是时间而同时具有了历史性。人存在于时间中，不可能像造物主那样在时间之外进行创作，于是，历史性的存在方式就只能在流失中抵抗流失，在时间流失中留住存在的意义，在历史中创建思想的线索和问题的重返点。因此，历史性意味着时间将反复出现开端状态，也就是反复出现"事情由此开始"的初始状态，这种初始性就是存在的当代性。所以人的存在不只是时限性的（temporal），而且是当代性的（contemporary）。作为历史的作者，主体性的自由在于超越了因果性，在于能够创造开端，可也正是自由造成了当代性的困境：在多种可能性中，创作是否有一种必然理由？如果没有必然理由，创作的可信性又在哪里？可是，假如创作有了必然理由，创作又将因为反自由而失去意义。

造物主为它的创作找到了必然理由，这一点令人佩服，却未必令人羡慕。莱布尼兹的可能世界理论是这样替上帝论证的：在上帝的意识中存在着无数可能事物以及无数可能世界，那些"共可能的"（compossible）事物可以组成一个可能世界，而"不共可能的"（incompossible）的事物就只能分属不同的可能世界。在众多可能世界之中，全知的上帝确认了具有最大共可能性的那个可能世界为最优的可能世界，因此将其实现为真实世界。这个存在论虽然是神话性的，却发现了世界的一个最重要的存在论性质，即上帝所找到的必然理由：共可能性的最大化，就是说，能够与最多数事物共可能的事物就有了存在的必然性。我相信这是关于存在的最深刻见解之一。

可是人在无穷多可能性中却看不出必然性在哪里，而且，在人所需要处理的可能性中也恐怕根本不存在必然性，人因此彷徨。休谟证明了：从过去不可能推论出未来，从一切已知不可能推出未知是什么。这个论证从知识论的角度注解了告别却难以出发的当代状态。在对未来可能性茫然无知的情况下，最容易的做法是拒绝未来，让现在留在过去里，按照习惯或习俗去重复过去。然而，总有某些无法抗拒的新问题或临界事态迫使人进入未来，不管人是否愿意，都被迫成为作者。就自然本性而言，人们并非像现代进步论者想象的那样对创新怀有无尽的热情，人是迫不得已才进行创新的，因为创新即赌博。在无助时刻，人经常首先会期望先知，或者圣人，或者预言家。

4　先知退场后只剩下作者

要是有先知引路就放心了，人们会这样想。知道过去、现在和未来所发生的一切事情之必然性的人就是先知，或按照海德格尔的说法："先知就是已经看到了在场的在场者之大全的那个人。"[1]荷马最早指出了成为先知的一个关键条件：因为有了阿波罗密授的预言术，所以先知卡尔卡斯"知道当前、将来和过去的一切事情"[2]。这说明，除非神授，人自己并没有能力成为先知。这意味着，先知是一种来自神的能力，并不属于人的先验意识，主体性不包含先知能力，至少，未来是主体能力的一个绝对界限。尽管人因为有内在时间意识而拥有一切时间尺度，却不能因此而知道在时间中生成的一切事情，就像手里有把尺子，不等于就有了可丈量的物件。人能够意识到时间的全部概念，却不可能看到"在场者大全"。曾经在很长时间里，人依靠先知或圣人指路，相信神谕胜过依靠理性。既然理性对未来之事一筹莫展，如此无能，那么对超理性神谕的信任就似乎是理性的了。但这件事情却有个深刻的隐患：无论先知之言多么有力，却始终无法提出任何必然理由去消除怀疑论，更无法消除故意不听圣言的自由意志，更令人困惑的是，当存在着许多先知而各自所言又互相矛盾时，我们无法辨别谁才是真正的先知。人类从来不缺乏貌似伟大的言论或思想，缺乏的是确保其可信性的证明或证据。

先知的引路神话被基督降临、受难并复活这个现身

---

[1] 海德格尔："阿那克西曼德之箴言"，见《林中路》，孙周兴译，上海译文出版社1997年版，第357页。
[2] 荷马：《伊利亚特》，罗念生、王焕生译，人民文学出版社，1994年版，第4页。

为证的最高级别神话所终结。正如阿甘本所给出的解释："既然弥撒亚已现身人世并实现其诺言,先知就再也没有理由存在下去了,所以保罗、彼德及其同伴自认为是使徒,而不是先知。"[1]使徒只是传播信仰,说服人相信决定性的时刻总有一天会来临,在使徒的世界里,人们只需要坚定的信仰和耐心的等待。可这个最简单的选择却是一件极其困难的事情,什么样的精神能够承受永远的等待?什么样的精神能够经得起遥遥无期?信仰和耐心是靠不住的,且不说日久难免产生"等待戈多"的迷茫,而对信仰的解释学更产生了使精神陷入混乱的歧义。信仰无法自证其信念的必然性和唯一性,也就无法阻止和排除互相冲突的理解,试图揭示隐微真言的解释学不仅无助于证明信仰或真义,反而使其可疑之处变得更为显眼。正如吉莱斯皮的分析:神学解释学的内部冲突早已蕴含了摆脱神学的现代性起源。比如奥卡姆就直截了当地割断了信徒对上帝的救赎指望,他说,上帝不欠人的债,因此也没有因人之善行就必予拯救的义务,上帝想拯救谁就拯救谁,不用参考人的意见,而人无法猜中上帝之意。这种唯名论的理解让人顿失安全感,重陷于求助无门的命运。[2]既然信仰也不比先知更能承诺个人命运

---

[1] Agamben: "Creation and Salvation", in *Nudities*, Stanford University Press, 2011, p.1.
[2] 吉莱斯皮:《现代性的神学起源》,张卜天译,湖南科技出版社,2012年版,第31—35页。

并担保其必然性，信仰就不是方舟，最后审判即便来临，对于具体个人也祸福未定，因此缺乏确定的意义，人依然无可依靠，依然无从逃避自由，依旧无助地面对无可预告的未来。先知既已退场，使徒也不再作保，人就注定只能去承担成为作者的艰难命运。创造历史虽是人之荣耀，却也是险途，或是自我折磨的悲剧（肃剧），或是自成笑话的喜剧（谐剧），实在少有岁月静好之无戏剧状态。

意识虽是时间的召集者，拥有前瞻后顾的能力，人却茫然于何去何从。自由选择的最大难处不在于选中什么，而在于舍弃什么。除非能够预知必然性，否则，取其一而舍其多岂非赢面最小之冒险？创作成为一种冒险生成（becoming），如克尔凯郭尔所说的"从可能性到现实性的转换"，而能安慰作者的仅是，必然性不是创作的荣耀，因为必然性是不可能生成的。[1]必然性意味着从来如此，永远如此，所以必然性与存在同在，并非人所能创作的事情。既然创作是为了生成，就必须背叛必然性，必然性也就不是作者需要考虑的问题。然而，即使从对必然性的渴求中解脱出来，不再需要先知的预告或者信仰的许诺，作者在分叉的多种未来面前仍然至少需要一个选择的理由，否则无从选择。假定作者不是掷骰子的

---

[1] 克尔凯郭尔：《哲学片断》，王齐译，中国社会科学出版社，2013年版，第88—89页。

赌徒，那么，当告别了先知的预言和使徒的许诺，当代性的存在状态能否为我们的选择而显示任何一种选择的理由？

5　与在场经验拉开距离

当代性（contemporariness）与现代性（modernity）之间有着相关却又相背的关系。现代性是属于一个特定时代即"现代"的特定性质，通常认为是大约从500年前至今的时期。现代性是以主权个人和主权国家为基本存在单位而开展的一整套生活和生产方式。另外一种比较收敛的看法认为，现代应该是从工业革命和启蒙运动至今的时期，而现今的全球化运动虽然属于现代，却正在使现代走向终结而进入一个新的时代，或可称为全球时代。与之不同，当代性却不是专属于某个时代的特性，或者说，每个时代都有每个时代的当代性。既然人不断在创造历史，每个时代也理所当然各有各的当代性，所有开创了一种生活和历史的创作从来都是当代性的。然而，当代性的确与现代性有着一种特殊的机缘。在通过现代状态去反思人的自由问题之前，当代性并不会成为一个问题，就是说，当代性的问题化是以现代性为条件和语境的，只有当先知、圣人和使徒都失去指点迷津的功效，必然道路消失了，只剩下多种可能歧路，当代性才成为主体性的存在论问题。假如未曾出现建构了主体性的现代性,也就不会产生反思当代性的机缘。但是,对主体性的永远当代性的现代反思却具有黑洞效应,它不是吞食光线,而是吞食时间。

现代性以新为标准,总之是要告别,要背叛,要革命。这个定位早已成为共识,吉莱斯皮对此有着再清楚不过的论述:求新就是"把自己理解为自我发源的、彻底自由的和创造性的,而不仅仅由传统所决定或由命运和天意所主宰。要成为现代的,就要自我解放和自我创造,从而不仅存在于历史和传统之中,而且要创造历史。因此,现代不仅意味着通过时间来规定人的存在,而且意味着通过人的存在来规定时间"[1]。其结果是,如雅斯贝尔斯所言,现代"最令人快乐的事情"莫过于宣布什么东西是过时的、守旧的或前什么的。现代人的这种时代划分不同于改朝换代的年代学,而是历史进步论,是出于对自身所处时代的"自我肯定冲动"[2]。可是这种在场乐观主义同时也形成了一种在场焦虑:为了革命性的新就必须反对为传统所塑造的自己,而反对一切传统的一个后果却是使在场性变得贫乏、无所依据而最终失去标准。正如阿伦特的担心:失去传统不仅仅是失去过去,恐怕也因此失去未来,只剩下无以解释自身又无法阻止意义

---

[1] 吉莱斯皮:《现代性的神学起源》,第7页。
[2] 雅斯贝尔斯:《时代的精神状况》,王德峰译,上海世纪出版集团,2005年版,第21页。

流失的在场经验，因为"没有传统就意味着没有可遗赠给未来的遗言"[1]。这意味着不断反传统而生活在时尚中的现代人沦落为精神穷人。于是，现代所试图建立的"作为现代性的当代性"否定了一切时代的每种当代性，如黑洞一样吞食了时间，吞食了过去和未来，只剩下前无古人后无来者的此时在场经验，而正是这种现代化的当代性使当代性既失去背景又失去内容，变成了一种自我否定的当代性。

要拯救当代性就必须逃脱现代性而重建一种形而上的当代性，它超越特殊时代和特定经验，同时又贯穿于所有时代的所有经验，由于贯穿了每个时代因此留住一切时间，这是一种非时代化而与时间同在的当代性。首先，当代态度必须是对此时在场经验的一种警惕，而绝非在场经验的自恋形式，因为当代性意味着一种面对未来时间分叉的普遍问题，而不是对自我经验的再经验，只有超越了自我才能够建立一种与一切时间同在的当代性。阿甘本提出的一个洞见是把当代性看作个人与时代之间的一种张力关系，它"既附着于时代，同时又与时代保持距离。更确切地说，是以脱节或不合时宜的方式去接触时代的那种关系。与时代十分吻合的人，或在每个方面都那么完美地与时代捆绑在一起的人，都绝非当

---

[1] 阿伦特：《过去与未来之间》，王寅丽、张立立译，译林出版社，2011年版，第3页。

代人，因为他们都显然没有试图去看清时代，他们无法矢志不移地凝视时代"[1]，而"真正的当代人，真正属于时代的人，正是与时代格格不入而又不去自身调整以便适应时代要求的人。在这个意义上，他们是不合潮流的人，可是正因为与时代脱节或不合时宜，他们比其他人更能感知和理解所在的时代"[2]。"不合时宜"显然是超越在场经验的第一步。对此，我们需要进一步思考，怎样才能够与时代拉开有效的距离？又以什么样的目光对时代进行旁观者的凝视？

严格地说，只有永恒性才能够完全超越时代的局限性。人非永恒，所以人的存在本身不具超越性，但人的意识有望借得某种永恒观点（sub specie aeternitatis）即一种无时限的观点来理解超越性。维特根斯坦说过："如果不把永恒理解为无限持续的时间而理解为无时间性（timelessness），那么活在现在就是永在。就我们的视野是无限的而言，就可以说人生无穷。"[3]既然当代性是主体与任何时间的等距概念，那么，"无限的视野"就不可能限于此时，而是召集一切时间共同在场的思想状态，它使得过去和未来能够超越时间的线性而在现时里一起出场，于是为时间撑开了一个无限的无形空间，这种"化

---

[1] Agamben: "What is the contemporary?", in *Nudities*, Stanford University Press, 2011.p.11.
[2] Ibid..
[3] Wittgenstein: *Tractatus*, 6.4311. Routledge & Kegan Paul, 1955.

时间为空间"的效果形成了一种无时间性。过去和未来得以挤在现时里与现时平行,这样,主体就有机会在意识里站在别处,更准确地说,才有了"别处"可站,因此得以与现时拉开距离,不合时宜地观察现时,也可以因此理解任何时刻。

凡是现实的都是暂时的,现实性等于暂时性,这一点甚至在古希腊就已被定义,麦里梭的最早说法是:"任何有开端和终结的东西都不是永恒或无限的。"[1]必然性是永恒的,因此永远都不可能完全实现在某一个特殊的现实事物之中,也就是说,现实只能不完美地表现理念。在必然性之外,还有一种容易被忽视的永恒性,那就是可能性。可能性意味着尚未存在,既然尚未开端也就无所谓结束,因此,可能性以其潜在而永恒,只要尚未变成现实性,可能性就永远都是个没有答案的问题。如果说必然性意味着"必定是什么",可能性则意味着"未必是什么",前者预定了答案,后者拒绝既定答案,这两者都是永恒的。以永恒为参照,暂时的现实就都是错误的答案。

必然性是神的永恒观点,通过逻辑和数学,人或可部分地理解它,而可能性才是属于人的永恒观点,它构

---

[1] 引自汪子嵩、范明生、陈村富、姚介厚:《希腊哲学史1》,人民出版社,1997年版,第739页。原文参见Diels & Kranz的《前苏格拉底学派残篇》:DK 30b4。

成了人的自由、创作和历史的存在论基础。可能性意味着自由的无限性，因此，容纳一切可能性的思维就是意识的魔法，这也正是博尔赫斯意识到的时间分叉问题。当代性正是意识对时间施行魔法的时机，一个倒行逆施、时序错乱、多维展开的时机，一个超越有限的在场经验的时机，它使过去具有未来性，也使未来具有历史性，过去或许永无定论，未来却已干涉现在，重返是为了重新出发，告别却又无从出发。

6　时机的复活

生活的常态一般是对已有现实的复制，从不打扰时间的连续性，而创作意味着一种可能生活的开始或历史的一个开端。创作对时间砍了一刀，但不可能砍断时间，反而以时间的伤痕创造了历史。一个开端既是时间的断裂，同时又是接合，是时间的短路与重新连接，它在无痕的时间线性上刻上有迹可循的历史性。德勒兹的"褶子"概念用于此处颇为合适，既断裂又联结。这种历史裂痕形成了一个可以重访的问题起始点，而能够形成一个开端或裂痕的创作条件就是"时机"（Kairos）。

时机在编年性的"时序"（Chronos）中突现而赋予时间一个历史性机遇。从事情的发生（happening）角度看，时序是自然时间的编年形式；从事情的生成（becoming）角度看，时机是时间的历史性形式。生成绝非无缘无故，而需要一个关键时刻的来临,它是历史的一个创建点或者转折点,也是思想或精神的可能重返点,谓之时间之枢机,简称时机。

时机概念在古希腊称为kairos,在古中国曰"天时"。时机在柏拉图和亚里士多德的用法中意味着必须做某件事情的恰当时机或最佳时机,即某件事情做得"正当其时",比如动物该生殖就生殖、麦子该收割就收割的那个时候。时机既包括成熟的客观条件,也包括行为者的得当行动,两者合一便是正逢其时,也就形成一个变化的临界点。战争,革命,建国,立教,显灵,技术革新,艺术转向,都各有时机。Kairos虽与天时不尽相同,但意思相通。天时概念似乎含义更广,不仅是自然和历史之正时,也包括时不再来之天赐良机,然而天数尚需人谋,缺一不可,否则功败垂成,因此,天时之妙用在于人谋之作。当Kairos概念被基督教神学化后,特指神意所定之重大历史时刻,例如耶稣降临、复活或弥撒亚来临,但基本含义未变,只是被进一步强化为创造历史或改写历史而具当代意义的时刻,或因其划时代意义而永远在场的那种时刻。

历史事件的重要性并不在于传奇性,而首先在于它蕴含着可以重访的思想问题或精神传统。历史事件的精神意义往往是由重访而被重新发现甚至重新建构的,如果一个历史事件在被重访时呈现出历久常新的意义,就被确认为划时代事件。对于划时代事件的当事人,时机是个历史开端,而对于后人,则是历史线索的重返点,于是,无论对于当事人还是后人,伟大的时机都具有不可磨灭的当代性。克尔凯郭尔这样解释:"一个人可以是某个时代的当代人却又没有与之同在,而一个人虽在直接意义上不是那时的当代人,却能够成为其当代人。"[1]在基督教世界里,无论是否亲历基督复活之事,一个人只要相信此事,他就在精神上成为了圣保罗的当代人,而那些不相信圣保罗的当时人却不是他的当代人。关于圣保罗的当代性,巴迪欧进一步论证说,作为西方普遍主义的奠基者,圣保罗一直都是西方精神的引导者,所以至今仍然是现代西方人的当代人。[2]

已发生的事件本身是历史,而事件构成的意义或揭示的问题则是其从未消失的历史性。在这个意义上,历史的本质确实是思想史,不少历史学家就是这样看的。每个划时代的时机都遗留着某种或某些永具当代性的思想线索和未解决的问题,历史演化的方向和进程会被另一个划时代的时机所改变或打断,但每个划时代的时机在改变先前的某种线索时,虽然终结了过去的事实,却无法取消过去的问题,于是,过去的问题被还原为一种潜在可能性。尽管过去的事实不再存在,却重新变回可

---

[1] 克尔凯郭尔:《哲学片断》,王齐译,中国社会科学出版社,2013年版,第78—79页。译文的个别语词略有调整。
[2] Badiou: *Saint Paul: the foundation of universalism*, Stanford University Press, 2003, pp.4–15.

能性而潜在地等候复活。当然，自然时间不可逆，复活并非回到过去，因此，过去的线索和问题却在意识的内在时间里复活为关于未来的思想。

在此可以重新解读苏格拉底的"回忆"理论。这种哲学化的回忆有别于心理学意义上的记忆，是苏格拉底想象的理性心灵对自身能力的一种自我检测，大致相当于后世所谓的反思或"纯粹理性批判"。苏格拉底相信，人人原本就有真知识，因此认识无非是回忆，而回忆不了的知识就不是真知识，其理由是，真知都是必然的，而必然性存在于每个灵魂中，只要人在灵魂中找到了必然性，就理解了真知识。在这个意义上，在灵魂中去寻找必然性，就是回忆（区别于对经验的回想）。所以，人并非"学会了"几何学，而是在灵魂中找到了几何学的必然性，就会了，就像挖到了"本来就在那里"的宝藏。那么，当我们把视野转向历史，历史相当于共有的灵魂，回忆就可以被替换为复活。之所以是复活而不是回忆，就在于历史无法在苏格拉底意义上被回忆，因为历史没有必然性，也就没有数学式的唯一真理。过去的情形和经验不可复原，且不说对历史的真诚回想也颇多虚构，即便当时当事的记述也是一面之词。因此，历史与未来具有一种对称的相似性质，都是意识的创作对象，而历史的方法论就是复活，即对历史所积累的思想问题或所开启的精神线索的复活，它意味着把尚未结束的线索和问题重新当代化，而传统正是在线索和问题的不断复活中得以生成和积累。与现代性的反传统态度不同，当代性不仅容纳历史和传统，甚至以复活作为一种魔法，复活过去一切伟大时机中所蕴含的精神生机而使现在时态免于贫乏。假如没有某种复活，创作就似乎是无中生有，无基因的纯粹发生实乃神迹，非人所能。正如苏格拉底有理由相信知识在于回忆，我们也可以说，创作在于复活。

于是，当代状态其实是个两面朝向的出发地，是个双面时机：从现时出发重返过去的线索和问题时，又告别现时而踏入未来的可能性。重返就是去遍寻值得复活的时机，而创作则是试图制造一个在将来仍然值得复活的时机：既然当下容纳了历史的遗产，就必须对未来也有所遗赠，于是存在才是连续的。成为当代人无须与同时人保持一致，时代潮流在许多时候更多是在掩盖问题，或者只是缺乏问题感的潮流而已，并无当代意识，成为当代人的关键在于邀请以往时刻里创造或改写历史的人共同面对未来，因为我们就活在他们创造的历史中，他们的精神就是我们的灵魂，他们理所当然穿越而再临或转世而在。尽管从过去推不出未来，但我们也不可能无中生有，任何变化都必须有东西可变，因此，变化必有来路，才有去向。空无的现时里没有问题或思想与未来可能性进行对话和交易，我们只能带上历史问题赠与未来。如果对未来提不出问题，未来也无从应答。

7 存在论的犹豫状态

当代意识即便有幸携带上过去一切伟大时机的启示,仍然没有充分必然的理由去选择一种可以确信的未来,所以未来永远不可预定而只能与之商量。现代塑造了口若悬河的现代化话语,而尚未形成的未来话语却只能是"结巴的"(借用德勒兹的说法[1])。"结巴的"当代性表现为一种存在论上的犹豫状态。然而这种犹豫不像"布里丹之驴"那样在两个现成事物之间患得患失,而是在面对一切可能选项时,难以决定使何种可能性转变成现实,如同站在没有路标的岔路口。这种事关我们如何继续存在的存在论犹豫也区别于怀疑论,因为存在论的犹豫并不担心真理或本质之类的知识论问题,而是担心存在的问题,所犹豫的是"这样存在还是那样存在"(to be this or to be that)的选择,而这个存在论问题的极端形式就是"存在或毁灭"(to be or not to be)的选择。于是,存在论犹豫考虑的是选择一种存在方式所要承担的历史责任。

莱布尼兹发现理论上存在着无穷多的可能世界,于是他必须回答哪个可能世界理当存在的神学存在论问题,结果他替上帝选择了那个具有最大共可能性的可能世界。博尔赫斯却发现了莱布尼兹理论所暗含的一个属于人的

---

[1] 德勒兹:《批评与临床》,刘云虹、曹丹红译,南京大学出版社,2012年版,第232—248页。

存在论问题：或许某个可能世界确实有更好的理由去存在，但问题是，任何一个可能世界都有机会存在，因此，更好的理由未必意味着更大的机会。尤其考虑到主体性是任性的，未必总是遵从理性的最优理由，甚至，我们也未必能够理性地证明理性的理由就是最优理由——怀疑论永远有理——于是，一切可能性在主观意识中是同等可能的，任何一个可能的未来都有机会被选中，即使是个荒谬无理的选择，因此，事实上也是如此，世界总有奇迹或不可理喻的事情会发生。德勒兹暗示这是"莱布尼兹的信徒博尔赫斯"对莱布尼兹问题的创造性回答。[1]

当代性所面对的正是允许奇迹出现的时间分叉迷宫。未来的路径交叉切换，无穷开放，永不确定，而既然结局（也可能没有结局）永远是开放的甚至永不到来，每种未来路径所蕴含的时机也就无法比较或不可通约（incommensurable），就是说，我们无法知道什么是最好的前途。先知不在，道路不定，未来没有高于可能性的必然性，这就是时间分叉的困境。尽管在现代仍然有政治家、经济学家和算命大师这三种人不断在预测未来，但命运还是没有谜底，奇迹存在，悲剧也存在。当代性可以理解为一种与最后结局或最后审判的神学期待相反

---

[1] 德勒兹：《福柯·褶子》，于奇智、杨洁译，湖南文艺出版社，2001年版，第242—243页。《电影2：时间-影像》，谢强、蔡若明、马月译，湖南美术出版社，2004年版，第206—207页。

的存在论期待，它眺望的是无终点的万变之道，而不是通向历史终结的预定之路。

对未来的存在论犹豫正是主体意向性落空的特殊时刻：有意向性，也生成了意向对象，却不是也不可能是确定的客观对象。按照胡塞尔的意向性公式"我思其所思"（ego cogito cogitatum）来说，对未来的犹豫意味着所思暂缺客观性的状态。虽然胡塞尔相信意向性的内在对象（noema）已经就是一个内在于意识的客观对象了，但看来他没有考虑到博尔赫斯的未来时间分叉问题。时间分叉干扰了意向的确定性，使意向性处于游移未定状态，因此，未来永远只是个未出场的未知数，相当于主语处于暂缺宾语的状态：我看（），我想（），我要做（）……可是宾语x尚未确定。毫无疑问，意识的主语必须创造宾语，有了宾语才有了世界，有了世界才有处可在。只有开天辟地的造物主才能在无宾语状态下仅以自身而存在，并且想要什么宾语就有什么宾语，而对于人，宾语不在场或尚未在场却是个严重时刻：无处可在就无以存在。这样一个有缺陷的主体状况，这个没有事件的时刻，却是个时间暂停的纯粹时刻。博尔赫斯想象过，在某个时刻"我们或可对时间说：停一停，你真是太美了"[1]。当然，自然时间无论多美都不可能片刻暂停，但内在时间却因为意向性的犹豫而暂停。这个纯粹时间状态

---

[1] 博尔赫斯：《时间》，见《博尔赫斯文集·文论自述卷》，第195页。

正是当代性的天赐良机，也正是历史间歇和改写历史的关键时机。

未来尚未存在而无所是，所以未来不是经验对象。既然未来还什么都不是，那么也就可以什么都是。在限定的现实性与开放的可能性之间，存在着一个需要跨越断裂的连接，接合这个断裂正是创作的使命。让我们再次回到莱布尼兹问题。可能世界无疑是理解未来的存在论基础，但造物主与作者所面临的毕竟是两个完全不同而有着存在级差的问题。造物主是没有历史的唯一绝对主体，它在创造世界时不需要考虑历史性，只需考虑可能世界的逻辑性，正如莱布尼兹所论证的，一个在逻辑上最优的可能世界必定具有万物的共可能性，这是空间性的"横向共可能性"，也即逻辑的共可能性；而作者在创造生活时却必须考虑历史性，因此作者需要创造的是时间性的"纵向共可能性"，也就是历史的共可能性。人必须与作为存在基础的历史线索共可能，否则将如断线的风筝一样失去历史性从而失去存在的根据。同理，如果一种生活不能形成后继的历史，就将在时间之中即在而即失。

当代为什么不等于现时？因为现时本身为空，只是一维时间的一瞬。与此相反，当代性却是一种反现时的现时，更准确地说，是试图超越每个现时的现时。可以这样理解：当代性本义就是与时间同在，如果真要与时间同在，就必须始终与时间同步共时，也就必须超越每个现时，达到始终的现在进行时。与此最接近的意象是爱因斯坦想象的"骑在光上面"，据说光速是极限，所以就几乎与时间同在了。想象归想象，实际上的当代状态只能是通过与历史中的所有当代时刻形成叠合而进入未来的一种努力，在此种意义上，当代性相当于时间的二维展开，那是保留了所有伟大时刻的时间扇面，去召集过去和未来在现时中会面，使现时同时充满历史性和可能性，使过去的线索在重访中复活，同时迫使未来应答复活了的问题，因此，当代性就是使时间双向同时流向此时而创造历史连续性的状态，它使过去的一切问题与未来的一切问题形成呼应，从而使存在同时充满历史性和未来性。对于莱布尼兹，在逻辑上，具有共可能性的才是存在的，我们或许可以说，在历史上，能够复活的才是存在的。正是当代性使现在成为永在，现时成为永时，未来的时间分叉和过去的历史时机的交集就是当代问题，这是得见时间本身的一瞬。

可博尔赫斯问题仍然还是个问题……

（原载《哲学研究》，2014年第6期）

{六}

关于形而上学的评论

1 本源问题的回归与重新定位

形而上学之所以为哲学之本，就在于形而上学为思想提供了无法化归也不可替代的普遍一般假设，尽管这些思想基础假设未必为真。无论是在"形而上之道"还是在"物理学之后"的意义上展开的形而上学问题，思想路径或不同，却有相似的思想功能，即思想的一般结构的奠基功能。形而上学不仅是思想的基本假设，同时也是思想的生长方法，假设与方法合为一体而构成了思想的基本设置，从而设定了思想的视野，决定了可以看到什么或不能看到什么，相当于说：这样思想不一定是正确的，但我们只能这样思想，没有别的办法。对形而上的"思想设置"的最好比喻莫过于维特根斯坦所说的"看不见自身的眼睛"。形而上学决定了思想的可能性，正如眼睛决定了视觉的可能性。尽管无法证明更无法保证眼睛看到的是真相,但眼睛是看事物的唯一装备,类似地,思想总需要某种形而上学,不然就看不出思想中有何问题可以思想。因此,对于思想而言,是否需要形而上学是一个无意义的问题,而选择何种形而上学才是有意义的问题。

现代哲学(尤其是分析哲学)曾经试图彻底摒弃形而上学,但终于失败,人们只能承认,任何理论(无论是哲学还是其他理论)都或明或暗地包含了形而上学的承诺。形而上学令人不满的原因是在经验上无法证明,即缺乏真值。分析哲学曾经根据经验知识的标准而判定形而上学问题为无意义的问题。可问题是,形而上学的意义并不在于经验的真值,而在于它居然是一切具有真值的知识的基础预设。在这个意义上,现代哲学抛弃形而上学的努力全然失败。

反形而上学的运动早已过时,但当代哲学在形而上学上却也乏善可陈,似乎像废墟一样失去了活力,而在废墟上发思古之幽情是不够的。在我看来,形而上学的困境在于,传统意义上的本源概念并不是一个适合思想的本源概念,与我们必须追究的思想问题之间出现了错位,就是说,传统形而上学追问了一些无必要的问题,并非不想不行的事情,而是想多了而产生的冗余问题。这个观点需要逐步分析,但允许我先说出主观结论:哲学需要寻找的本源并不是存在本身,也不是万物的终极原因,也不是解释万物的绝对原理或绝对概念——所有这些都是在科学之前对万物的非科学想象——在哲学意义上的真正本源是思维和历史的创建点,即人类开启思维可能性或创造历史之"作",发生于定义了历史性(historicity)的创作时刻(kairos),在历史时态上表现为"初始状态"或变化的"临界点"。这意味着,本源不是单数的,而是创造历史的复数事件或时刻。显然,从历史哲学的视野去重新定义的本源,与万物理论视野中的本源全然不同。

形而上学试图追寻时间性的存在,因为时间是存在的唯一踪迹,本源与时间或存在的开端是同一的。存在解释着时间,时间也解释着存在。这个问题虽然至高无上至大无边,似乎覆盖了一切事物,却令人惊讶地不能解释历史。历史性肯定是时间性的,但时间性的却未必是历史性的,其关系不是对称的。如果一种本源不能解释存在的历史性,也就不能解释人。这意味着,在"存在-时间"的本源概念之外,另有一种被漏掉的本源概念,那就是一种能够解释人而专门属于人的本源。人独占一种本源,一种"存在-历史"的本源,这就是人的存在的独特性。人不能创造时间也不能创造存在,但人创造历史,因此,与人的存在有关的本源,就是历史的本源。海德格尔差一点就发现这个问题,他已经意识到此在的时间性总是历史性,但他试图在一般存在论的框架内去讨论这个问题,可是存在论这个单一维度过于贫乏,不足以定位人的存在本源。尤其是,时间性和历史性不能互相还原，也不能互相等价解释，这一点决定了一般存在论的概念和方法不足以定位人的本源。

我在《第一哲学的支点》中试图论证，如果本源的问题是对人的存在的解释，就不可能从一般存在论的视野去理解，而只能在"人的创世论"中去理解，就是说，除非一种存在论同时是创世论，才能构成有效解释，即存在论与创世论两者全等重叠才有足够的思想空间来展开形而上问题，而存在论与创世论的唯一重合点就是人的创世论。缺乏创世论维度的一般存在论是以重言式（tautology）的同义反复命题组成的，在那里，问题即答案，答案即问题，问题停留在原地而从未展开，因此无法解释存在的生长性和存在的问题演化。存在不是问题，存在的变化才形成问题。存在的变化就是存在以"变在"（becoming）超越存在自身，不能解释存在作为"变在"的形而上学停留在存在自身而对世界无所说明。

本源必须是创造性的才是一切意义之源，否则只能说明存在自身而不能说明任何事情，创世论和存在论的一致性落实了创造性的本源之所在，因此，只有创世存在论才能解释本源。但是，如何能够通达本源，还需要溯源方法，而溯源的方法论就是历史哲学。在此，我想进一步论证创世论、存在论和历史哲学的三者一体，即创世的起源问题（genesis）、存在论的本源问题（origins）和历史哲学的溯源问题（tracing）三者存在着一致性。核心论据是，只有"作者"才是所创作之事物的本源，因此，只有追寻创作之路径才能理解本源。人不是万物的作者，所以无法追溯一切存在的存在本身，但人是历史的作者，开启了历史性的本源才是能够解释人的存在的本源，因此，历史的创造性起源、历史性的本源和对本源的历史性溯源是三个相关问题，就是说，起源、本源和溯源三者互相解释，或以传统的概念来说，作、本、述三者互为解释，于是，人的创世论、存在论和历史哲学是为一体。

2 在思想之外的问题不是形而上学问题

传统形而上学，无论是一般存在论或万物理论（the theory of everything），所设想的研究对象都是被给与（the given）的现成世界，一个创造完成的世界——是谁创造的无所谓，无论假设为神造或自然生成，对于人来说，同样是一个既定世界。万物的世界不是人的创造物，所以永远具有不可进入的外在性和超越性，按照康德的说法，则是意识无法理解也无力决定的自在性，所以是"自在之物"（things in themselves），于是落在了知识的可能性之外。对于康德，有意义的形而上学不是存在论，其实是知识论和伦理学。

张盾在《道法自然》一书中提出一个很有吸引力的存在论叙事复古方案，他相信，绝不可能在第一人称的叙事中去解释存在（这等于打击了现代以来的唯心主义叙事），存在只能在"第三人称"的叙事中被表达，而第三人称叙事的客观性与存在本身是相配的。这个颇具古风的观点在逻辑上很有道理，但在哲学上不可能实现，因为如果真的忠实于存在的第三人称叙事，就相当于存在自身的言说，可是人无法冒充存在本身的言说，而且存在的自身表白不可能超出重言式，即"存在是如此这般的，因为存在是如此这般的"。因此，假如第三人称的存在论叙事是可能的，终究只是重复了存在而没有解释存在。有趣的是，古代哲学，无论中西，几乎都采用了第三人称的哲学，试图就事物本身来看事物。于是古代哲学的基本句型都是以实体、理念或道之类的"第三人称存在"为逻辑主语的，即"事物是如此这般的"的句型。但第三人称哲学在现代几乎消失了，这个变化始自笛卡尔的"我思"奠定的"知识论转向"，不过根源可追溯至希腊怀疑论，在皮浪和恩披里克等怀疑论者看来，任何"事物是如此这般的"之断言实际上都是主观想象，实际上我们所知道的只是"事物看起来（appears）是如此这般的"，并且，"事物看起来是如此这般的"推不出"事物是（is）如此这般的"。这预示了形而上学和知识论地位的现代颠倒，即知识论反而是形而上学的基础。

但事情并非如此简单，故事远未结束。休谟早就发现，真正的知识无非是经验知识或者逻辑-数学知识，其他的观念都是虚构的。不过，尽管经验知识当然是经验的，经验知识的成型结构或组织方式却需要运用形而上的假设，甚至形式知识（逻辑和数学），尽管比哲学还要抽象，却也同样需要形而上的假设，否则思维无法运行，正如不使用逻辑，思维就无法理性地运行。因此，形而上学是赶不走的，不能假装不需要形而上学。就功能而论，形而上学不是对世界的一种描述或叙事，而是对世界进行描述和叙事所必需的思想设置，类似于语法之于语言，因此形而上学对于思想确实是奠基性的。对此我愿意举出两个例子：

（1）因果关系。这是经验知识必需的预设概念，如果没有因果关系的设定，经验就只是零碎感觉而没有构成意义了，经验提供的最重要意义就是事物的因果关系。我们无法以任何经验现象（比如前后连续性或概率上的相关性）来充分定义因果关系，这正是因果关系所以至今无法被完美定义的原因，可见因果关系是在经验之外的一个形而上概念，它先验地假定了某些事情"必然导致了"另一些事情。这是一个典型的意识设定，事物本身未必如此，只是难以证明。无论从相对论、量子力学或基因科学来看，都很难以经验指标来充分解释或定义"导致"的意思。于是，因果关系恐怕只能在形式关系上去理解，比如理解为逻辑上的充分必要条件，或至少是充分条件。不过，如果只能形式地定义或只能在纯粹概念上去定义，也已经说明因果关系是一种形而上学的预设了。

（2）逻辑关系。一般把逻辑理解为思维规则，其实逻辑同时也是最纯粹的形而上学，是方法论的形而上学，就是说，逻辑有双重身份。逻辑是思维的元规则（meta-rules），当然也就是所有知识的元规则。事物的所有关系都可表达为逻辑关系，通常有¬，∨，∧，→，≡，但这些联结关系都不是经验性的，而是用来整理经验的形而上学概念。事物本身的关系肯定不是逻辑表达的那种样子，或者无法证明是那样的，而逻辑赋予事物的性质也存在着多种可能选择的设计，这更加证明了逻辑的形而上性质。比如，逻辑的二元模式（二值）肯定不是事物的实际情况，而是形而上的赋值方式。之所以选择二值，是因为这是最为经济也最有效率的思维方式。如果非要"如实"不可，就恐怕要表达为无穷多值。确实有逻辑学家提出了多值逻辑。不过多值逻辑在效率上远不及二值逻辑，因为，如以无穷多值为取值，不仅对象变成了"杂多"，思维本身也会变成"杂多"，那就很难运行了。恐怕人工智能不会喜欢无穷多值的逻辑，人脑也不喜欢。如果设为三值（最低限度的多值逻辑），却仍然是一个"不如实"的形而上设定。

这里有个可争议的问题。我相信三值逻辑的形而上假定有个疑点，它通常把第三个值设定在真假二值之间。可是，真假概念的有效性就在于真假二值无缝对接，"之间"不存在富余空间，准确地说，不可以存在"之间"，所以中间值是个妖怪。如果非要设置第三个值，其合理设定应在真假值域"之外"，即在真假之外的一个不可证值，而不在"之间"。如果这样的话，我们或可用二元树状分层来消化掉第三值，比如，设基层的二值为"可证性"和"不可证性"，然后"可证性"再次树状分叉为真假二值，这样就保持了二元模式的效率，而第三个值就变成多余的，被消化掉了。树状分层是我在1991年的一个建议，后来我发现这个处理也有疑问。只要考虑到哥德尔命题G，就会发现问题难办了，G是真而不可证的命题，似乎是一个同时存在于两个层次上的跨层次命题，对此我无法解释了。不过，如果按照三值逻辑，情况就更糟，G似乎只好被定位为不真不假或半真半假，显然更不合适，至少更加不清楚了，因为G明明是真命题。这里不是为了讨论逻辑，而是试图表明，不仅逻辑是形而上的，而且逻辑自身的形而上设定也并非都先验为真，似乎至今尚未完善，因此尚未能够完美地解释悖论。

这意味着，不仅任何思想都必需形而上学，而且多半还缺乏充分有效的形而上预设，就是说，思想所需的形而上学假设尚未被充分发现，或尚有遗漏，因此，形而上学仍然是一个未完成的工程。现代哲学以经验标准来否定形而上学肯定是对形而上学的误解，这一点似乎已经成为共识。形而上学本就意味着超越了经验标准，不在经验知识的范围内，本来就没有冒充为经验知识，因此，对于形而上学的理解，只能以思维对于思维自身的重要性或有效性作为判断标准，即如果思维有形而上学设定S，S能够保证思维是无矛盾的并且能够保证思维是有效率的，那么S就是一套有意义的思维装备；如果S'能够保证思维是无矛盾的并且能够实现思维效率最大化，那么S'就是一套最优的思维装备。可以看出，形而上学研究的是思想生产力的最优装备，与知识的如实度无关。

3 形而上学也有无效问题

确实有一些形而上学问题是过度追问而产生的无效或冗余的问题，可以这样定义：如果Q被假定为关于X的一个形而上学问题，却不存在研究X的方法，那么Q是一个无效问题（维特根斯坦标准）；或者，如果Q被假定为关于X的一个形而上学问题，可是关于X的研究对于思想的建构却无必要，则Q是一个冗余问题（奥卡姆标准）。在传统形而上学的两个领域里，存在论和万物理论，都有不少无效或冗余问题。

自从爱因斯坦以来的宇宙物理学成为在数学上可信的"一统万物理论"（the general theory of everything），形而上学的万物理论不仅相形见绌，而且失去了最后残留的解释力。形而上学的万物理论没有能力解释任何一条万物规律，而只是一个万物故事，人们一旦知道了规律，就不需要故事了，即使需要故事，也宁愿要更有文学性的宗教故事。尽管仍有一些哲学家在构想万物理论，例如Graham Harman提出的"客体向度的"新万物理论[1]，也许确有新意，但问题是，事实证明，科学或人文知识的进展已经不再需要形而上学万物理论的帮助。无论形而上学的万物理论是否有趣，对理解万物并无用处，所以是多余的理论。

与大而无当的万物理论不同，存在论才是形而上学的根本。存在论的基本问题看上去如深渊般极度深刻，令人肃然起敬，然而却可能是无效问题。存在论的第一问题"存在是什么"就是一个典型的无效问题。存在本身（being qua being）之所以不构成问题，是因为我们对存在本身提不出任何疑问，也就无从提问，所以"存在"不是存在论中的问题，而是存在论的已知条件。请允许我再次陈述一个维特根斯坦式理由：如果一个问题果真是一个疑问，那么至少存在着两个可能选项的答案；假如一个问题只有唯一答案，那就不构成问题，而是冒充为问题的概念或陈述，因为所答即所问，所问即所答，所问只是一个别无选择的事实或已知条件，即使加上问号也无济于事，就是说，"存在？"的唯一答案是"存在！"，所以存在不是问题。显然，存在的先验分析意义就是存在，再无别的含义，因此，关于存在本身的唯一普遍必然的命题只是重言式"存在即存在"（being is

---

[1] 参见Graham Harman: *Object-Oriented Ontology: A New Theory of Everything*, Penguin, 2018。

being），再无别的先验判断。即使把存在理解为动态（to be），又得到另一个重言式：去在即去在（to be is to be）。总之，存在本身只能推出重言式，尚未形成存在论问题，而是所有问题的前提条件。因此，存在论不能顾名思义地去审问存在，存在不能想，也无法想。

这意味着，传统形而上学的出发点是对的，但选错了问题和道路，因此需要重构形而上学的论域、问题和方法论。形而上学没有能力解释万物秩序（order of beings），只能去解释历史性的秩序（order of historicity），而这正是科学无力说明的领域，也正是形而上学问题之所在。人创造了生活的秩序和历史，可是人却没有全知能力，从来都无法证明什么秩序是更好的，也不知道未来的命运，于是发明了形而上学来持续追问人之所为的理由和价值，因此，形而上学的论域展开的都是关于"可能性"（possibilities）的问题，甚至整个哲学的研究对象都是可能性，而不是必然性——追求必然性是哲学的错误方向。

我倾向于如此重新理解形而上学：（1）形而上学的有效论域仅限于人所创造的秩序，即古人之所谓"作"；（2）任何一种秩序的创造都意味着一种历史性或时间历史化的创建点，而历史的每个创建点都是本源，有多少开端时刻，就有多少本源，所以本源是复数；（3）秩序的创作就是可能性的现实化，每个本源都开启并实现了一种可能性；于是（4）形而上学是对任何开启了可能性的本源的重新发现与反思，因此，秩序的创建点也是思想的重返点，就是说，本源既是秩序的创建点，也是思想的重启点。在这个意义上，所有哲学都是形而上学。

4 每个形而上问题都涉及无穷性

既然形而上的问题面对无穷可能性，也就不可能有最后答案，因为任何可能性都通向更多的可能性，形而上的问题就永远处于未定或未完成状态，反过来说，如果一个问题是有限的，就会有终结。

"形而上"（无论希腊概念还是中国概念）在意义上已经蕴含了"在知识之外"。知识对象具有可确定的有限性，在古代常被描述为"有形的"、"可见的"或"器物"。只要有足够的时间，人总能够慢慢地认识哪怕最复杂的有限事物。有限性意味着可征服性，而无穷性（infinity）是不可征服的，因而是超越的，永远超越知识，所以关于无穷性的思考不是知识而是反思，即思想对思想自身能力的极限所提出的问题。凡是涉及无穷性的都是思想的终极问题，无穷性正是形而上问题的标志。

在另一种常见的意义上，形而上学被设定为对超越性（transcendence）的研究。在通常的用法上，超越性意味着在经验之外，而经验之外不可知。不过"经验"和"知识"都容易有歧义。如果意识的连续过程产生了一个有秩序或有结构的知觉对象，就是一个经验，而经验又有"外向经验"和"内在经验"。外向经验就是对外部事物的知觉意识(即狭义的经验),内在经验是意识对自身的内观意识。想象一个事物比如金山飞马,或展开一个白日梦比如前世人生或未来世界,这些是内在经验,并无外在对应物。意识中的抽象思想或形式运算,比如哲学命题推理或数学演算过程,也是内在经验,即意识内在的操作。胡塞尔的意向性能够有效解释所有内在经验的建构性,他甚至曾经试图在意识内在经验中发现数学的基础,尽管没有成功,但此种努力却非无稽之谈。直觉主义数学就成功地在内在经验中建构数学。直觉主义数学要求,除了初始概念、规则和公理,数学命题都必须在可操作的有限步骤内逐步连续构造出来。这是最严格的数学标准,也是计算机的基础。这种构造过程等价于一个能够形成必然性的连续经验操作过程。这里出现一个有趣的现象:超越性不一定都超越经验,也可能就发生在经验内部。比如数学中存在着超越了代数方法的"超越数",典型如 π 和 e,其不可测而不循环的无穷性等价于形而上的超越性,也因此被命名为超越数。数学虽然能够概括地"表达"无穷性(微积分),却无法以经验操作"遍历"无穷性。这一点提示了,超越性并非都在经验之外,也可以在内在经验之中。因此超越性不能被简单地规定为超经验,而需要重新定义。我愿意把超越性定义为:如果某个具有无穷性的 X 不可能化为意识能够必然控制的有限步骤,就永远保持着主观能力无法消除的外在性（异己性），那么X就是超越的。超越性所超越的是主观能力，而未必都是经验。

形而上学问题之所以无解，就在于涉及无穷性。反过来说，任何一个问题，如果涉及无穷性，就会成为形而上问题，未必都来自哲学，也可能来自数学、逻辑、物理学、人工智能或其他学科。无穷性正是存在的秘密所在，所以存在不可知。存在拥有无穷性，就拥有全部过去和全部未来，即占有全部时间，而占有全部时间才足以定义存在本身（Being qua being），就是说，永在才是存在，而理解永在是不可能的。

5　完美性与鲁棒性

如前所论，存在本身除了重言式就无可言说。传统形而上学很想言说存在，但做不到，所说的只能是空话。传统形而上学的努力虽然落空，但其求解问题的方式却很有想象力。形而上学最"顺理成章"的求解目标是绝对存在者（the absolute），这种古老的想象暗含的假设是：存在本身难以理解，但如果理解了统摄一切的绝对存在者，也就自动理解了所有存在者，而理解了一切存在者就等于理解了存在本身。这个求解方式的关键在于需要这样一个假设：绝对存在者先验地意味着具有完美性（perfection），完美性就理所当然地包含了一切秘密。可惜这个假设本身却并非必然之理，也缺乏证据，只是一种信念。无人见过完美的存在。

完美存在的想象始于柏拉图的理念论（甚至可以追溯到巴门尼德，但巴门尼德只是研究了存在，并没有进而虚构出理念）。理念论虽有想象力和解释力，但有其内在困难：假定每种事物都有其完美理念，可是每种事物都是有限的，有限才能被规定，才能够形成一物确实是一物的规定性，可是有限性却意味着存在的一种不完美，那么每种有限事物的理念就不可能是完美的；另一个相关困难是，事物的类别（共相）实为主观划分，并不是事物本身的性质。关于事物可以有不同的分类法，并无必然之规定，比如可以按照形式、价值、功能等标准来确定不同的分类，因此并不存在一种必然的共相，事实上不同的语言就产生了不同的共相分类。假如一定要寻找事物本身的确定身份，就只好把确定性落实到每一个"不可分的"（individual）个体存在，那么理念就无穷多，与无穷多的个体相等数量的无穷多的理念就失去思想意义了，只不过是事物的复印件而已。柏拉图的理念提出了重要的问题，可是理念论并不能有效地解释理念。

对绝对存在更为自洽的解释是上帝的概念。这种解释最为简洁且包含最大容量，把上帝设想为无所不包的概念就自动包含了无穷性和完美性，于是成为一切存在的唯一解释，理念论的所有难题都被化解了。这种不留余地的"完全解释"正是一神教的力量所在。但是宗教化的解释在理论上无法抵抗怀疑论，因为神秘主义的全盘解释或信仰缺乏技术含量，在逻辑上都是无法证明的循环解释。尽管人类思想无法避免某种有限的循环解释，但如果思想整体是循环解释，就只是一个文学故事。凡是具有专业性的事情，无论多么复杂，都可以分析为可理解的思想步骤。即使最难理解的宇宙物理学或量子力学，也可以分析为可理解的理性过程。凡是缺乏理性论证的都可以被质疑，而信仰无法自证。中世纪的思想家显然意识到这一点，于是着力发展了关于上帝的存在论证明。正是中世纪为了论证上帝存在才命名了"存在论"（尽管存在的问题可以追溯到巴门尼德）。

上帝的存在论证明必须引入完美性的概念，否则证明不成立。其关键论证是，设上帝是完美的，而完美性必定蕴含存在，因为不存在就不完美，所以上帝存在。完美性是个神奇的概念，无所不包因此自动"克服"了一切困难。关于完美存在的知识当然就是普遍必然的绝对真理，而剩下的唯一难题是：如何才能获得关于完美存在的知识？或者说，以什么方法能够必然地获得关于完美存在的知识？完美概念是方便法门，但如何进入方便法门却不太方便了。声称一个宏大概念不难，但通达宏大概念的方法却很难，只要追问"用什么方法"？基本上就是致命一击。所以维特根斯坦指出，不要说在寻找什么（what），而要说出如何（how）寻找。这个维特根斯坦式的怀疑论真正击中那些伟大名词的要害。

概念总是类似于梦想。根据完美性概念的承诺，完美性要求一个存在同时具有无穷性和完整性，相当于要求一个系统具有无穷性、封闭性、一致性和完备性（即一个无穷系统内的无矛盾性以及对系统内的所有成分的完全解释）。这样的高要求无论在逻辑上还是在事实上都无法实现（除非是一个很有限的小系统），哥德尔定理说明了这一点，即任何一个足够丰富的系统都无法兼备一致性和完备性。换句话说，完美概念虽然诱人，但承诺了太多因为不存在相应方法而难以实现的事情，因此不可能具有绝对的"鲁棒性"（robustness）。这个通译是音译，其日常含义是，在任何情况下都能够经受任何考验，万世不坏，百用不破；其学术含义是，如果一种存在，或一个系统，或一种理论，几乎对任何外在变量不敏感，其稳定性即不受外在变量的影响。具有绝对鲁棒性的完美存在恐怕不存在，热力学第二定律（增熵定理）证明了宇宙必定从有序无可救药地演化为无序，而不存在一种力量能够逆转这个演变。这说明，完美性是不可能的，除非是一个非常贫乏并且缺乏实在性的概念，比如含义仅限于重言式的存在概念或没有实在性的上帝概念。可是没有实在性的存在对真实世界无所解释，也就无用了。因此，试图求解完美存在的形而上学是不可能的。在这一点上，《周易》似乎有着先见之明：存在只有无穷变化，没有完美。可称为一种"非完美主义"的形而上学。

6　超越性（transcendence）

形而上学另一个比较低调的目标是求解超越性。虽然低调一些，也不容易。首先就遇到一个自相矛盾的知识论困境：超越性意味着在知识之外，也就不可求解。因此，对超越性的思考就只能限制为解释超越性对于经验的意义，而无法在知识上求解超越性。在绝对意义上，超越性意味着超越了时间和空间。超越的存在必须不在时间和空间中存在，因为在时空中的存在必定是有限的而且终将消亡，也就不够超越了。但绝对超越性很难理解，我们所知的一切存在总是时空中的事物，至少在时间中存在——例如观念不在空间里存在，但在时间上存在——所以时间与存在等值。凡是在时间里的存在都会终结，生命会死，文明会死，宇宙也会死，所以，时间性（temporality）同时就意味着时限性（temporariness）。如果要寻求绝对超越者，上帝就是唯一答案，但这个"显而易见"的答案没有一个眼见为实的明证（evidence），只好空对空地就概念论概念。假定上帝不在时间中存在，虽然超越了时限性，可同时就失去了时间性，而无时间性等于不存在，因为时间与存在等值。为了捍卫上帝，唯一有效的辩护是：上帝并非在时间之外，而是在全部时间之中而占有无穷时间。"全部时间"有十分神奇的效果，意味着，在尚未发生的未来，上帝已经提前存在。这个事情很难理解，但在逻辑上说得通，不过代价是放弃上帝的实在性，就是说，上帝只是一个纯粹概念，才能提前存在，所以说，上帝在（is）却不存在（exists）。这个结果虽然捍卫了上帝的超越性，却失去对世界的解释力，显然不能让神学家满意。

更多的哲学不关心神学化的绝对超越性，只是在知识论意义上把超越性局限地理解为超越经验。康德的解释是标准版本。康德发现，每一种关于超越性的合理推断都有一个同样合理的反论（所谓二律背反），就是说，一旦超越了经验，互相矛盾的推论皆可成立，所以不可能形成关于超越性的知识。维特根斯坦的理解更为深刻：超越经验的超越性不可证而没有真值，因而没有知识意义，但并非无价值，正因为超越性在知识之外，所以反而形成了精神价值。这意味着，意义和价值是思想的两种不同取值。下面是我的发挥了，希望符合维特根斯坦的思路：超越性作为知识的界限而产生了精神价值，这说明，只有当存在着某种限制条件的情况下，文明才能够产生精神，而绝对真理或绝对自由都没有精神价值也无法产生精神价值，就是说，具有完全必然性的绝对真理是无商量的铁律，只有唯一答案，在这个强制性条件下，也就没有精神和价值了；另一方面，完全自主或无限制的绝对自由意味着主体可以任意专断，所有可能性都是等价的，也同样没有精神或价值。因此，两者都意味着精神价值的终结。我猜想维特根斯坦一定不同意康德的伦理学。

理性在本性上有着超经验的普遍性，这似乎是一线希望，所以哲学家试图通过研究理性而理解超越性。或许理性确实与超越性有着某种同构性，这个假设最早来自巴门尼德关于思想与存在一致性的断言。但康德的"二律背反"证明了，理性的普遍性只限应用于经验领域的普遍有效性，却不能有效地应用于经验之外。我愿意将理性的有效性称为理性的先验效率（the transcendental efficiency）。既然理性在经验之外无效率，就意味着，理性的先验效率有其限度，即使理性与超越性有着同构性，也不等于能够通达超越性。应该说，人类思维至今尚未充分理解思维自身，思想对自身并非知根知底，人类尚未成功地成为自己的"破壁人"。这也是人工智能为什么至今无法像人一样思维的原因——既然人尚未真正了解自己的思维，当然就不能把人的思维转换为人工智能。人类不仅无法理解外在的超越性，甚至无法理解思维自身的内在超越性。康德在此做出了最为惊人的成就：人的内在超越性就在并且只能在道德自律性那里，我们就要讨论到这个问题。

7 有限性中的无穷性是形而上问题的公式

传统形而上学对其研究对象的预设是一厢情愿的，形而上学想要研究的事情其实超出了形而上学的能力。在此，我希望摆脱形而上学的习惯性预定，而采用功能主义的方式来反思形而上学到底能够思考什么，即不是按照"想要想什么"来预定形而上学，而是按照"能想什么"来定位形而上学，这个问题转换也可以说是从询问"形而上学说了什么事情"转换为"什么事情能够由形而上学来说"。就思想功能而言，传统形而上学没有能力去思考其自选论题，即没有能力去研究存在本身或万物一般原理。如果对一个问题有研究的冲动却无落实研究的办法，就说明那不是一个合适的问题。方法决定能力，只要不存在解决或解释一个问题的方法，这个问题就不可能被研究。形而上学没有能力追问比思维本身更深刻的问题，也没有能力追问比生活本身更基本的问题，因此，思想和生活的界限就是形而上学的界限。虽然维特根斯坦反对形而上学，但其界限论反而提示了形而上学的一种真正的可能性：勘探和发现思想和生活的边界就是一种新型形而上学。

不过维特根斯坦所发现的边界主要是"空间性"的，无论是逻辑空间还是生活形式所定义的生活空间。除此之外，我们还需要去发现思维或生活的"时间性"边界，这是新形而上学的另一个入口。海德格尔发现，所有问题的意义前提是，人是时间性的并且意识到自身存在的时限性，因此，死的问题使生活具有了意义。尽管每个人的"向死而在"对于每个人来说是最重要的私人问题，但只有成为一般性的存在状态才构成形而上学问题。海德格尔强调了存在的时限性就意味着形而上学问题就在经验领域里，但不能因此把形而上学问题落实为个人经验。个人经验只是私人故事，不是一个形而上学，就是说，形而上学问题尽管存在于经验领域之中，不再超越经验，但仍然具有超越个人经验的超越性，所以，不存在以个人或自我为单位的形而上学问题。

存在的意义同时涉及无穷性和时限性，似乎形成了一个矛盾。这个矛盾的出路在于，既然无穷性必须在时限性中展开，那么，"有限性中的无穷性"就成为形而上学问题的一般格式。"有限性中的无穷性"的发现可以追溯到黑格尔的"实无穷"概念，甚至可以追溯到亚里士多德。黑格尔对形而上学的神话般演绎虽不可信，但他的问题却有大意义。有限性包含无穷性，似乎是个悖论，但也是形而上学的生机。无穷性存在于有限性之中的哲学想象在康托的集合论里成为真理，他以数学证明了这种奇迹。但这个鼓舞人心的数学成就尚不足以解释事关真实存在的哲学问题。要在实在界的有限性之中发现无穷性，根本困难在于缺乏哲学的方法，目前能够找到的解释方法都陷于可疑的自相关。维特根斯坦讲过一个寓言式的笑话，他说有个人想要证明自己的高度，于是把手放在头顶说：你看我有这么高。自相关不是错误，问题在于，自相关并没有证明什么，只是停在原地永远尚未出发。

形而上学之所以是形而上的，就是因为触到了不可逾越的思想边界，也因此势必反弹，在这个意义上，形而上学似乎注定是自相关的。既然在思想界限之外的超越性不可企及,那么,形而上的超越性就只能在于思想界限内的无穷展开。这意味着在思想内部展开无穷性,并且生产价值和意义——价值和意义都变成了思想的内部问题,必须由思想自身去解释。思想没有别的地方可去,只能反思自身,所以形而上学必定是反思性的,而反思本身就是自相关。事情是这样的,反思不能以知识论的方式去证明我思就是我思的根据。"自己丈量自己"是唯心论强迫症,而且没有建构能力。所以,哲学反思不是一个知识论概念,而只能是一个关于"作"的创世论概念,反思就是去发现秩序的每一个历史性的创建点,也就是在历史性中去发现每一个本源。

尽管康德没有提到"有限性中的无穷性"的问题,却无形中给出了一个独辟蹊径的解决,并且发现了一个十分惊人的本源。康德相信他已经证明了知识的先验基础,这对于知识主体性是足够了,但对于解释人之为人的主体性却远远不够。知识主体性仍然不是自由、自主而自足的主体性,因此不是最终的主体性。按照启蒙哲学的思路,既然把人理解为真理和自由的负责人,就必须证明主体性同时是理性的和自由的,并且两者能够达成一致性。在此,康德把形而上问题落实为人的问题。这个宏大创意的困难是,自由意志和理性都是绝对的,却往往不一致,而主体性会因为此种不协调而崩塌,所以这个问题必须解决。康德发明了自由意志与理性完美结合的自律道德（autonomy），即道德的绝对律令正是自由的选择，于是道德意志成为了主体性的本源。在这个意义上，伦理学，而非知识论，才是康德哲学的核心，是康德首先发明了作为第一哲学的伦理学（尽管他没有这个说法，后来列维纳斯才说出伦理学是第一哲学）。通常把康德归入规范伦理学，这就小化了康德的宏图。康德伦理学的要义不在伦理，而在于形而上学：自由意志和理性的一致性证明了人的有限性之中蕴含无穷性，主体性也因此成为本源，而有限的人却是一个形而上的存在。

有个题外话。康德的道德创意虽然优美，却几乎无法实现，因为与真实世界不兼容，就是说，即使有的人能够成为理想的人，可是真实世界永远是不理想的，人的理想概念与世界的事实是互相矛盾的。只要见利忘义的人性不变，"纯粹的人"就不可能实现。康德设想的形而上的人是一个虚构作品。用康德的词汇来说，自律道德虽然符合纯粹理性，却在经验中缺乏"普遍必然的先验性"。按我的话说，道德绝对命令并不具有等价于知识先验范畴的"先验效率"。这是康德未能解决的问题，我很好奇康德是否考虑到这一点。

8　我思故一切存在

胡塞尔似乎不重视康德，他宁愿回到笛卡尔的创建点重新出发，试图在意向性的概念里解决全部形而上问题，从而把主体性哲学建成真正的第一哲学。意向性的惊人建构能力表现为在意识中能够把内在时间性展开为内在空间性，于是在意识内部"建构"了一个客观性内含于主观性的主观世界。康德式的自在之物T（thing in itself）不再是烦恼，因为形而上问题都被转入意识内部，内在于意识并为意识所定义的意向对象N（noema）就是具有客观性、恒定性、确定性和绝对性的形而上存在。意向性在意识内部创造了形而上的对象，以N代替了T，相当于证明了"我欲仁斯仁至矣"。

胡塞尔以意向性一举解决了主观性的三个难题：（1）笛卡尔问题。笛卡尔的先验论证只能证明我思自身（cogito）绝对无疑，却不能证明任何所思（cogitatum）的确定性和可信性。胡塞尔进一步证明了"我思其所思"（ego cogito cogitatum）的先验完整性、确定性和可信性；（2）贝克莱问题。贝克莱的"存在即被感知"命题有个漏洞，即感知无法证明对象的确定性和必然性。胡塞尔证明了"被感知的存在"（the perceived as such）先验地内含了确定和必然的形而上对象（the absolute X in noema），即形而上的存在就在意识内部；（3）康德问题。康德动用了先验范畴、先验想象力以及经验的先天形式等非常复杂的一套先验条件，也终究无法解释如何生成意识对象的必然过程。胡塞尔把时间性的意向行为以一一对应的方式映射为空间性的意义结构而解释了意识对象的生成方式。可以说，胡塞尔的主体性哲学差一点就成功了，但正如我论证过的，意向性理论有一个漏洞是，意向性决定不了未来的必然性，因此无法解释一切外在事物。尽管在意向性里可以想象各种未来，但每一种想象都只属于现在进行时，无法决定将来时的事情，真实的未来不会听从意向性，意向性对未来的设想几乎必然落空。这意味着，"我的想象是如此这般的"，这在意向性中可以被证明，但"世界将是如此这般的"却是意向性无法证明的。因此，意向性的先验效率仅限于一半时间性，即止于现在进行时，而属于将来时态的一切事情都逃逸在意向性之外。总之，外部性和未来性是意向性无法做主的问题，所以，意向性所创造的内在客观性无法替代外在客观性。

由此不难理解海德格尔为什么要超越意向性的问题而重新回到外在世界去思考"在世界中"身不由己的此在。在那里，身体性的存在必须操心那令人烦恼的外部世界。关键就在于，意向性能够做主的主观世界只拥有一半的时间性，并不具有全时态，也就不能充分理解存在，不仅代替不了而且也解决不了亲身所在的世界里的问题。向死而生的状态只是一个既定事实，并不是需要解决的事情，人不可能解决死的问题。真正的问题在于人被抛在世界中去面对无法选择的外部性，包括生活的一切障碍、困难、灾难和痛苦，其中最为严重的是杀人和被杀。不过海德格尔不讨论杀人的问题，也回避了政治问题。但只有杀人才把生命的自然事实变成一个形而上问题，显然，杀人比自然死亡更深刻地表现了存在的时限性，因为那是意料之外的存在时限性——存在可以被剥夺，这是列维纳斯关心的问题。我相信列维纳斯是对的，如果不涉及政治和伦理问题，那么，此在所遭遇的其他问题都不重要，都缺乏形而上的分量。

主体性哲学不是错误，但是解释力有限，无法解释和应对外部世界发生的政治、经济、技术或伦理问题，比如柏拉图、亚里士多德、马基雅维利、霍布斯、休谟、康德、马克思、尼采等等提出的问题。生活的两个基本维度，苦难和幸福，既不是知识论问题也不是艺术问题。其中苦难最具有形而上的分量，直接深入存在的要害：存在如何能够继续存在，甚至极端化为"存在还是毁灭存在"（to be or not to be）。形而上的苦难问题直接落实为战争、和平、合作、斗争、政治、经济、伦理和法律等形而下问题，因此具有现实性的力量。形而上问题需要形而下的解决，或者说，形而下的事情必须具有形而上的意义，否则只是一个语言游戏。

9 没有形而上的存在，只有形而上的问题

既然存在本身只能引出重复自身的重言式，尚未构成可以研究的问题，因此可以推断，"存在"只是一个具有语法功能的概念，并无实质意义，事实上并不存在一

个形而上的"存在"。只有当存在（being）落实为实在（existence），才产生形而上问题，而形而上的问题并没有形而上的解决方式，只能以形而下的方式去解决。只有当动态存在（to be）成为"变在"（to be becoming），存在才获得意义，就是说，在必须选择某种可能性的时间分叉时刻（the forking time）才提出了存在论的问题，或者说，当存在进入"这样存在或那样存在"的抉择时刻，存在才出现了意义——意义即一种可能性与另一种可能性的比较关系。假如存在只不过是重复自身而毫无变化，就没有提出问题，也就没有意义。变化即选择，选择即意义，而意义即问题，所以，所有存在论的问题都是关于"变在"的问题，其极端形式就是著名或过于著名的"存在或不让存在"（to be or not to be）。既然存在论问题始于存在的选择，那么，选择一种存在方式就具有初始的创建性，所以说，本源就是一种存在方式的创建点。任何一种存在方式都具有不确定的未来性，永远前途未卜，因此，存在论的有效值域是可能性而不是必然性。

本源之所以成为本源就在于具有未来性，如果没有蕴含未来性，其存在过程就终结了，也就不能成为任何存在之本源。未来性蕴含无穷性，这意味着，存在永未完成，永远不可能落实为一个完成式的完整事实，在这个意义上，存在即未在，永远都在等待下一个时间分叉时刻，等待另一个存在的创建点，因此，存在就是创作的行动，所有的存在论问题都始于创作性的"我作"

（facio），所以说"我作故我在"（facio ergo sum）是存在论的第一命题。

可是新的难题又来了。既然所有形而上问题的意义都在于无穷性，又只能落实为形而下的事件（经验事实），因为除了形而下的事件，形而上问题无处落实，那么，有限的经验事件如何能够蕴含形而上的问题？或者说，经验事件如何能够形而上学化？这里需要回避一个习惯性的思想误区，即我们总在知识论的格式里表达形而上学问题，以至于默认或预设了对象化的形而上存在。其实，存在本身、绝对存在或绝对精神之类并不存在（exist），而只是作为概念而在（is），并无确定的对应事实，只是空集，或只是无所指的能指。所以，形而上问题不可能是知识论的问题，在知识论的值域里，存在论问题无值可求，因此，形而上的创世事件既不能在经验论也不能在先验论中去理解，而只能在另一种知识论之外的哲学方法中来理解形而上的事件。我相信只能在历史形而上学中找到方法，即创世论、存在论和历史哲学三者合一的方法，这是一种追寻本源的溯源方法论。

10　寻找本源的溯源方法

问题的意义在于思考问题的方法，如果对于一个问题而言不存在能够思考这个问题的方法，这个问题就无意义。我们设定了本源是形而上学的根本问题，就需要寻找本源的方法。

这里略加回顾寻找本源之路,可以更清楚看出关键之所在。形而上学的最初努力是去寻找解释万物的本源,可是除了重言式的定义和命题,并没有发现一种寻找本源的可操作方法(methodos),也就不能形成一条通向本源之路(hodos),于是,本源只是一个永在远方而无路可达的愿景。后来,既有方法又有证据的科学替代形而上学而成为可信的万物理论。自从笛卡尔的知识论转向以来,形而上学放弃寻找外在本源而转向寻求"本心"(mind),以本心为本源的唯心论在胡塞尔哲学中达到极致,但意向性的有效解释限于过去时和现在进行时,无法解释将来时,一半时间遗落在主观性之外,就失去了一半的存在,所以本心也不是本源。这意味着,万物不可能"皆备吾心"。或许永远都有人崇拜吾心之论,但吾心不是本源,这是事实。不能造事的,就不是本源。

唯有人类行为创造而成的本源,即具有历史性的本源,才是有迹可循的本源。就是说,自然生成的万物(Things)的本源是科学问题,人为之万事(facts)的本源才是哲学问题。人类能够创作秩序,这个事实证明人类拥有创作秩序的方法,也因此必定有追寻秩序本源的方法。本源就在人类的造事行为(facio)之中,这是自带方法因而能够被反思的本源。形而上学的第一命题就从"我思故我在"(cogito ergo sum)变成了"我作故我在"(facio ergo sum),同时,万事理论(the theory of facts）就代替了万物理论（the theory of everything）。

人类的"创世性"事件在于创造秩序，而创造秩序就是创造历史。人类的创世性事件就是本源的创建点，无论制度、政治、道德，还是思想、科学、技术和艺术的创建点都是人的本源。人类的创世性事件相当于《周易》中所谓的圣人之"作"（其实是能工巧匠之"作"），具有创世意义之"作"意味着人为存在建立了人为秩序而开启了本来没有的未来，并由此定义了一种历史性，也就以历史性重新定义了时间，为时间赋予了历史时态。所以说，每种秩序的创建点都是本源，也是思想的重启点。

形而上学在此可望取得一个根本转变：本源不再是无法定义的概念，而是可以通过存在秩序的来路而重新发现的秩序创建点。本源蕴含的问题需要"从头想"，即回溯到一种秩序的初始状态去重新发现问题，但"从头想"不是"从头讲"，前者是形而上学，后者是编年式的历史（chronos）。于是，形而上学从猜想万物本源转向发现存在秩序的历史本源，对此，"后物理学"(meta-physical)的方法失效了，我们需要建立历史形而上学或者说"后历史学"（meta-historical）的溯源方法。后历史学意味着对历史本源进行反思的"考古学"——这个名词并不很准确，但因为福柯而获得了拓展性的意义。

如果不考虑《周易》的话，福柯就是最早意识到这个问题的思想家，他提出了"知识考古学"。这是一个打通史学和哲学的重要方法，虽然还不是形而上学的方法，严格地说仍然属于史学的方法,但对于新形而上学是一个参考系。知识考古学以话语系统的历史"档案"为考察对象而去发现在特定时代支配着话语生产的观念定式,福柯称之为"知识型"(episteme)。我不太理解福柯为何借用这个古希腊的概念,似乎在语义上颇为不同。希腊哲学寻求的episteme是超越了意见(doxa)而达到事物本质的真知,可是那些时代性的观念定式显然不是真知,反而属于doxa,应该是doxa背后的模式。福柯应该自有他的道理,在此就不妄加猜测了。知识考古学针对的是思想史和社会史的交集问题,并非形而上学的目标,但其"考古性"与形而上学的溯源性有着呼应关系。尽管文明初期的《周易》不可能提出知识考古学这样的现代思路,但蕴含着另一种同方向而不同道的思想结构,章学诚将其概括为"经史一体",可理解为有限性(历史)与普遍性(经)的结合方式,其中有着思想的"考古性",不属于知识论,但与知识考古学有某种异曲同工之处。《周易》明确地试图追溯那些本源性之"作",因此更接近形而上学的溯源性。

虽然形而上的问题总要落实到形而下的经验世界,但形而上学的对象不是经验,而是经验蕴含的关于秩序建构的普遍问题。经验总是时代性的和特殊的,而形而上学试图发现秩序贯通于全时态的"基因性的"普遍意义,即其本源性的意义。本源就是生活秩序的基因,不仅开启了秩序的过去,而且一直保持着永不退场的当代性，就是说，本源的创建时刻（kairos）不仅具有"那时的当代性"，还延续为"此时的当代性"，并且在事理上蕴含着"未来的当代性"，因而具有"始终的当代性"。本源具有贯穿全部时间之势而具有无穷性，呈现为"有限性蕴含的无穷性"，因而提出了形而上问题。所以说，本源是存在秩序的创建点，也是思想问题的重启点，对本源的溯源就是以历史重启未来。

为什么本源能够具有永远的当代性？其中道理类似于永远复制的基因，尽管存在不断在变易中，但那些最重要的基因能够不断复制，以此保证了存在的连续性，而重大的变易则是新的本源的创建点，为存在增加了新的基因，同样也在后续存在中不断复制。确实会有某些思想本源，或思想基因，在变易中隐身或被覆盖了，但一旦遇到新问题，就有可能复活。存在的变易不可测，因而很难有一种方法来测定何种被覆盖的本源能够复活，但我倾向于相信，也许是迷信，每一种本源都具有顽固性或"封印性"而不会彻底消失，总会有得以复活的某种情势。如果一定要猜想一个理由，可以从历史角度来看，本源既然是在某种初始状态下的秩序创建点，那么在其创建秩序的初始时刻就必定遭遇人类存在的某种基本问题，也是人类在后继生活中始终需要回应的问题，否则人类不会劳神费力地创造如此这般的秩序。在存在的秩序背后一定有某种重要的存在问题。只要问题常在，本源的意义就在。

历史情势万变，而深达存在论层面的基本问题不变，所以，虽然历史不可逆，但问题在反思中可逆。首先需要解决的是方法论问题，即反思本源需要有一个思想上的可逆路径。在本质上说，所有的反思，无论是科学的还是哲学的，都是在寻找一个可逆路径，以便发现问题"原来如此"。不过，哲学的溯源（backtracking）——寻找本源——却不是在寻找事物的原因，因此不是建立因果关系的科学研究，而是试图发现在存在中不断复制而始终在场的问题，更类似于发现作为问题而存在的思想基因。因此，追寻本源必定是一个具有"递归性"（recursiveness）的溯源过程。不过，形而上学的溯源递归不是数学化的严格"能行"递归，肯定达不到严格的能行性，只是与递归函数具有某种相似性的递归性。

递归是存在的一个普遍性质，而且是根本性质，只是大多数事物的递归性不及数学递归那么严格，侯世达（Hofstadter）在其名著《哥德尔、艾舍尔、巴赫》中，就以艾舍尔的画和巴赫的音乐为例子来解释递归性。艺术中的递归虽然迷人，但与哲学溯源的差异较大，我认为更为相似的是语言的递归性，即语法和意义的复制性。而最为相似的可能是基因的递归性，基因决定了生命能够提出的"问题"，就像本源蕴含着秩序提出的问题。总之，各种递归的实现方式不同，严格程度也不同，但基本性质类似；重要的是，递归性是语言、生命、数学、逻辑以及文化传统的一个基本性质，能够解释为什么一种存在具有不变与万变的一体化性质。这说明，递归溯源最有可能成为形而上学的反思路径和方法。既然递归性意味着从头到尾贯穿整个存在过程的某些性质、结构或问题的连续复制性，类似基因复制，因此必定留下了从初始状态到任何后继状态的连贯线索或踪迹，而本源就是通过递归方法所能够到达的溯源终端。

因此可以把形而上学的本源追寻方法理解为一种非严格的"本源递归"的溯源方法。显然，生活和思想在不断的创造中展开为非常复杂的情势，其叠加的语境、连续的变迁和衍生的细节决定了已然不可能实现数学式的严格递归，但形而上学的本源递归在一个关键性质上与数学递归仍然是一致的。可以这样理解：自然数始于0而没有最大数（因为无穷），于是递归函数$p(x)$必定采取从$p(n)$一直推算到$p(0)$而终止，假如方向相反，则因为无穷性而无法终止，所以$p(0)$是递归的终止条件。数学递归与本源递归在方向上是一致的，$p(0)$就相当于本源。从思想或生活的某种当下秩序回溯到此种秩序的初始状态，就回到了秩序的创建点，就重新发现了本源所蕴含的基本问题。概括地说，既然生活世界的生长是发散衍生的（discursive），而维持其存在一致性的核心问题、基本秩序和结构却保持着连续的复制性，那么，对本源的溯源就只能通过能够排除各种节外生枝和特殊语境因素而保持运用复制性的递归方法来实现。不难看出，递归性（recursive）是对衍生性（discursive）的反向运作。

反思从现实存在的给定状态〔相当于$p(n)$〕出发而追溯到基本问题的初始状态〔相当于$p(0)$〕，这样来定义的反思方法论是对传统形而上学反思的背叛。传统形而上学的反思通常预先假设了某个本源，通常是非常抽象的本源，其实就是某个最大的抽象概念，例如存在本身、绝对存在、绝对精神或上帝（上帝也是抽象概念），然后从这个纯属假想的本源出发去解释所有存在的秩序。问题是，从一个假想的原点出发来解释一切事物，存在两个疑点：假想的原点未必真实；而且，从假想原点出发的"来路"也不明。如果起点和路径都纯属假想，那么就很可疑了，或不真实，或不合理。比如"存在本身"（亚里士多德），或"绝对精神"（黑格尔），或独立于身体经验的"我思"（笛卡尔），或人人为战的"自然状态"（霍布斯），或"无知之幕"（罗尔斯），此类假想的本源或初始状态都不真实也不合理，在任何现实中都根本不存在，仅存在于想象中。此类不合理想象的根本困难在于，那些假设的本源都不是通过递归方法能够发现的，而是无视真实存在的历史性而断然设定的，因此提出的问题与真实问题之间也缺乏足够的相似度。基于乌有假设推导出来的理论或能自圆其说，甚至很精彩，但在真实世界无法保值，更无法保真，所以只是关于某个乌有世界的故事（a story of nowhere）。在以上例子中，对于真实世界来说，失真度最高的是黑格尔的绝对精神和罗尔斯的无知之幕。

11 结论：以可能性为论域的形而上学

在此我们检讨了形而上学的有效值域，结论是，传统形而上学寻找本源的道路有偏差，把存在本身看作思想对象而去追问"存在是什么"或"存在之为存在"，甚至"存在为什么存在"，但这些都是无效问题，因为无可追问，也没有相应的研究方法。存在本身是一个缺乏生产力的概念，只能产出重言式。存在是第一事实，却不是第一问题。存在（being）要引出有意义的问题就需要存在的实在现身（existence），在实在现身方式中，存在才进入有效问题。存在的现身就是选择可能性的时刻，也就是选择未来和历史的时刻，因此，在存在论的逻辑里，历史的开创性"时刻"（kairos）先于时间的发生"时序"（chronos）。如果没有开创性的时刻，时间就没有被赋予历史性而只是无变化的重复，未被历史化的时间就尚未被赋值，而未被赋值就无所谓意义，存在就隐身静默，而存在无事发生也就无所谓时序，只有一如既往，所以，没有kairos就无所谓chronos。

既然存在论问题从选择可能性开始，或者说从时间的分叉开始，那么，形而上学的论域就不在必然性，而在可能性。可能性期待着"作"（创建秩序），开启可能性的秩序创建点就是本源，所以本源问题就是"作"的问题。"作"以可能性去蕴含无穷性,因此,创世论、存在论与历史哲学是同一的,构成了历史形而上学。追寻本源需要递归性的溯源方法,以递归为路标,才能重返存在秩序的创建点而重启本源的问题。

(原载《社会科学战线》2021年第7期)

{七}

追溯本源的方法和问题的递归性

1 返回本源问题

哲学越来越远离问题本身,而陷于话语对话语的繁琐解释,无论是一种话语对另一种话语的解释,还是一种话语在其内部不断自我解释,虽然产生了虚假的知识增值,却似乎遗忘了本来需要解决的问题,思想在原地绕圈却产生"走了很远"的错觉,尤其是忘记了为什么出发。借用一个流行术语,也可以说是一种"内卷化"的话语循环生产。此种"话语的循环"实为一种无效率的"解释的循环",多种话语互为镜像而产生丰富话语的假象,可问题是思想失去了问题。思想只有在"困兽状态"才能看见哲学问题之所在,那些导致我们在存在上陷入困境的事情,或者说,当我们的存在方式蕴含着威胁甚至否定我们的存在方式的自反性,才提出了哲学问题。换句话说,把事物"说"成什么样(知识论话语),

无论是实在论还是反实在论，无论是唯心论还是唯物论，都没有使存在陷入困境；同样，关于"把事物说成什么样"应该"怎么说"才好（话语的话语），无论是建构的还是解构的，无论是相对主义还是逻辑主义，也没有使存在陷入困境。只要不是以存在去反对存在，不是存在反对自身，就不是要紧的问题，就不是真正重要的哲学问题。

在此重新讨论本源，不是思想的怀旧，不是"回到希腊"，而是返回我们人人有份的"存在如何存在"的当场切身问题，让掩埋在话语垃圾堆里的本来问题现身，从而重新发现我们如此存在、以如此的生活来存在、以如此的思考来存在所造成的根本困惑、困境和悖论。在话语迷宫中远离本源的哲学，是否存在着一种思想的"逆运算"可以让迷路的思想回溯到本源问题？海德格尔和维特根斯坦都试图回到"被遗忘的"或被学术所忽视的朴实的基本问题，可是问题到底在哪里呢？唯一能够反思存在的"此在"，或作为思想界限的逻辑形式，或作为实践"硬基底"的"生活形式"，都是非常强大的哲学出发点。但是，以名词为基础的哲学迷恋像广告牌一样的名词，以为找到了概念就等于找到了答案。名词是限定性的，就也具有排他性和排序性。没有一个名词的容量能够容纳所有问题，即使是"存在"或"物质"之类的宏大名词。我倾向于认为，以动词为本的哲学比以名词为本的哲学更接近无穷性和变易性的真实世界。在这个意义上，海德格尔的此在或维特根斯坦的生活形式都不及笛卡尔的"我思"（cogito）高明。"我思"虽是无限的，但"我思"不能解释外在世界的事情，这样不行。我试图寻找一个比"我思"更能够说明所有问题的动词，于是找到了"我作"（facio），不仅具有大于或等于"我思"的能动性，而且具有"我思"所无的现实感。

不同哲学流派，甚至每个哲学家对哲学的出发点和问题路径都有不同的选择，而且都有道理，没有一种哲学是没有道理的，每种道理都能够得到辩护，对辩护的辩护很快就陷入话语的话语，或许其道理都没有错，但远离甚至遗忘了真实的问题。真实的问题是，存在如何存在？或者说，存在是要去哪里？所以哲学不是为了说出某种道理（logos），而是为了发现道路（via）。古希腊人早就发现，一旦陷于道理（logos）之争，每个人都会以为自己有个"独特的"logos，因此就找不到那个"真正的"logos了。有个日常说法是，条条大路通"罗马"，反过来也意味着罗马通达每个地方。我试图证明，与此略有不同，哲学更像迷宫，并非条条大路通"罗马"，"罗马"也并非通达每个地方，其中有些道路走不通，或走不远，另有些道路可以单向走通，却不可逆，相当于不能逆运算。中断的道路或不可逆的单向道路意味着所设定的问题出发点的演化能力不足，不能通达足够多的问题，也就无法说明世界和生活。有一个问题生长出更多问题，就是道路。道路（via）的意义在于通达能力，而可行性就意味着存在的可能性(viability)。道路一定有道理，但道理未必是道路。

哲学问题如此丰富，恐怕未必全部源于同一个本源，但我仍然希望能够找到那一个唯一的本源（可能想多了），至少是"几乎"能够通达所有哲学问题的最优本源，以及最优道路。对唯一本源的执着也许是一个错误，但无法证明是错误。只要涉及无穷性，就不会有最后的答案，而所有哲学问题都涉及无穷性。我想说，寻找本源的信念类似于物理学试图发现一个统一解释所有物理学原理的理论（统一解释相对论和量子力学的理论），理由也相似，哲学也不愿意接受自相矛盾或意义混乱的思想。

曾经流行一时的解构主义虽然揭示了生活是自相矛盾的——这是事实，我们接受这样的事实，可是如果思想是自相矛盾的，思想就无法推进而导致意义消散，即思想意义的"租值消散"（rent dissipation）。这解释了为什么解构主义终究坚持不下去，因为解构主义也被自身解构了。一百年来人们在思想上或价值观上主要在进行反叛、批判和解构，似乎制造了一种背叛的文化并且成为主流，因此，所有的背叛很快就被主流改造为无伤大雅的时尚，就像对资本主义的所有反抗很快就被资本主义接收改造为文化市场的新产品而成为资本主义的一部分。今天哲学的一个突出问题就是哲学失去了问题，只剩下话语之间的互相反叛。

生活世界的"各方面"（其实是人为分类），政治、经济、语言、技术、社会、文化等等，在动态中互相塑造、互相解释、互相矛盾而又相辅相成，其矛盾性和一致性同时成立但又在动态中形成整体性，于是出现这样的奇妙现象：一个领域提出的问题却在该领域陷入自相矛盾，而其答案很可能落在另一个领域。比如，经济问题的答案很可能在政治或技术那里，而政治问题的答案很可能在经济或社会那里；思想问题的答案很可能在语言和文化那里，而文化问题的答案很可能在思想和社会那里，诸如此类。问题在此处，答案在别处，这说明，生活世界的所有问题是相通的，却又路径分叉，而路径分叉的生活世界具有动态的无穷性、不确定性和未完成性，因此不可能根据已知事实或先验概念来推论终极原理，就是说，生活世界的统一性肯定不在于某种绝对原理，而必定是一个可以容纳无穷可能性并且始终在场而永无终极答案的绝对问题，简单地说，生活世界统一于问题而不是统一于原理。于是，哲学寻找的本源也不是原理而是问题。

可是为什么要寻找本源？这难道不是老掉牙的问题吗？传统形而上学不是早已被抛弃了吗？确实是老问题，没有更老的问题了，传统形而上学也确实失效了。可是，只要稍加反思就会发现，人类生活的基本难题居然从未改变，当下在场的最重要问题仍然是那些最古老的问题，比如说，人类仍然生活在战争与和平、兴衰与成败、灾难与拯救、自由与正义、财富与分配、欺骗与谎言，以及背信弃义、杀人放火乃至文明冲突等一切存在的危机中。要理解这些触及存在的基本问题就需要溯源，需要在本源那里重新发现问题之所在。因此，我们需要形而上学，但不是已经报废的传统形而上学。

形而上的溯源不是去发现因果关系，那是科学的工作，哲学没有这个能力。哲学试图发现的是存在与思想的可能路径及其道路（via）的生成力（viability），即一个问题如何敞开更多的可能性，同时也是制造了更多的问题。这是一个演化过程，其中有许多创造性的"存在论事件"，无法归为必然的因果关系。哲学问题虽以存在的事实为约束条件，但同时也是根据可能性而创造出来的。因此，这里设想的新形而上学以可能性作为研究对象，完全不同于传统形而上学试图揭示的必然性。

物极必反，虽无法证明这一点，但事情常常如此。分析哲学在"彻底"拒斥形而上学之后，在上世纪50年代就开始重新思考形而上学（例如蒯因），还不能算是回归，但确实开始改变了对形而上学的态度和理解。再后来就形成了"分析的"形而上学，准确地说，是以符合分析标准的命题对形而上学的重新表述，但并没有提出全新的形而上学问题，仍然沿袭传统形而上学的概念和思维框架，仅仅是加以"正确"的表述。比如说，重新表述了"存在""实在""必然性""因果"等等。这里对正确加上引号，倒不是讥讽，只是说，这种表述的正确性仅限于分析的标准,至于分析的标准是否正确,仍然是个开放的问题。有些新一代的哲学家不满足于对形而上学的分析表述,试图实现某种实质性的改变。

比如梅亚苏(Quentin Meillassoux)就主张一种属于新实在论的存在论观点,即偶然性才是绝对和永恒的。这个论点与传统形而上学以必然性为绝对性是相反的,因而是新观点。不过,这种论点并没有超越或打破传统形而上学的概念框架,而是发生在传统框架内部的分歧和争议。显然,偶然性也是传统框架内本来就被承认的一个重要概念,是与必然性相对的概念。其实,必然性和偶然性都纯属假设,我们无法证明存在本身是否有必然性和偶然性之分,因为我们不知道存在本身是什么样的。与其说必然性和偶然性是存在论的概念,不如说是知识论概念,只是我们用来描述事物状态的知识论工具。如果承认必然性和偶然性只是知识论的概念,那么,必然性和偶然性同样都是关于事实状态的一种假设,并不存在一种方法能够证明存在本身是必然的还是偶然的,就是说,必然性和偶然性是在同样知识条件下成立的,两者都是假设——如果不是幻象的话。只有在我们能够全盘自主操纵的完整存在语境里,通俗地说就是在人完全做主的事情里,才能够定义必然性和偶然性。比如在一个数学系统里,就可以有充分理由判断一个命题是否必然存在。对于外部世界,除非我们能够充分地定义因果性因而理解了存在的充分理由(满足莱布尼兹的充分理由率），才能够用因果性来解释必然性，而这是人类做不到的（需要神的视野）。既然无法定义事物的必然性，也就无法定义偶然性的概念。就是说，基于必然性概念的存在论或基于偶然性概念的存在论都是不可能被断言的。

这里的分析是想说明，在传统形而上学的框架内部去超越形而上学是不可能的，我们需要的是建造一种基于不同的问题和概念的形而上学，而要有不同的建造就需要不同的方法。这里要讨论的就是一种识别和寻找本源的方法。

2 没有方法就没有问题也没有答案

要确定何者是我们需要寻找的本源，就需要明确的标识和可操作的搜索方法。我相信至少需要满足这样一些指标：

（1）创建点。哲学的本源问题必须能够成为至少某些哲学问题乃至所有哲学问题的创建点，以至于成为哲学不可回避的一个基本问题，而问题的创建点同时也是追溯问题的归零点。

（2）最大化的树状路径生长。一个本源问题总能够以树状方式连续生成，而通达尽可能多的问题乃至所有问题。在这里，树状路径说明的是，从一个问题到另一个问题的演变是势在必然生长出来的，虽然在新情况的刺激下会不断产生路径分叉,但不是断裂或跳跃,也不是互不相交的平行路径,而是树状的生长。

(3)可重复操作的理性方法。这意味着,用于追寻、分析和解释本源问题的方法必须是在理性上可共度的方法,相当于在逻辑上可以解释的方法。我们无法在思想直观中去直接判断哪一个哲学问题是一切问题的本源。直观不是方法,不能保证可重复的正确性,即使偶然猜中答案,也不可能知道是否猜中。形成本源问题的存在论事件(ontological event)属于消失了的过去时刻,在找到返回本源的溯源方法之前,本源是一个未知数,没有方法就没有答案。

传统形而上学并没有发展出溯源方法,只是以理性直观可以直接理解的分类学方法来确定本源的概念,当然就把最大的、完美的、绝对的而无所不包的概念当成了本源或出发点,比如"存在本身""第一因""上帝""太极""无极""绝对精神"之类。任何总括性的词汇在理论意义上都是等价的,只有文学性的差异,就是说,它们在理论上可以互相替换,反正都是大而无当的能指。分析哲学曾经批评此类形而上学概念之所以没有意义就在于没有真值,但这个批评其实文不对题,因为形而上学本来就定位在经验知识之外,不是对真实世界的描述(description),也就没有承诺真值,因此与真值无关。没有真值不等于没有意义,在真值之外还另有多种价值足以形成有意义的思想。

虽然形而上学不是对真实世界的描述，但必须能够成为一种必要的解释，否则就真的没有意义。传统形而上学的真正可疑之处就在于，它并不是对世界的必要解释，尽管不失为有趣的文学解释。那些总括性的宏大概念对于哲学问题来说既无必要也不重要，大概念不等于重要概念，重要性也不在于概括性，比如说"一切存在都是物质"或"一切存在都是精神"都同样没有理论意义。总括性的概念好像无所不包，却无一览无余的视力，准确地说，总括性的概念根本没有视力，其实是瞎子。在功能上，总括性的概念不是思想用来"看"事物的，而是语言和逻辑用于建"万物索引仓库"所需的分类或分层的功能。语言或逻辑给万物分派了语法位置，但不等于分配了思想问题，有的位置实为空位，在那里并无相应的问题，总括性的宏大位置并不意味着那里就有更重要的问题。

语言为宏大概念留出的显要位置确实容易产生"重要问题"的错觉，正如维特根斯坦发现的，思想经常受到语言的误导。这是一个有趣的"语言人类学"问题。语言是人类最伟大的发明，它创造了一个能够表达－转述一切的语言世界。语言的奇迹具有创世的神圣效果，人们崇拜语言，甚至相信"太初有言"是世界的开端。在文明早期，语言被感知为事实，所说皆为真话，所言即诺言（谎言和骗子是在文明发展到相当复杂程度才产生的现象）。"语言等于真实"很可能遗留为思想深处的一个潜意识，中世纪的唯实论（realism。后来为区别于其他实在论而称为conceptual realism）就是这种语言潜意识的反映，而唯名论（nominalism）才是反思的产物。在此我支持唯名论。我愿意举出一个具有唯名论风格的例子："存在"概念既没有真实对应物，也没有构成一个问题，而是伪装为问题的一个语法功能词汇。加问号的"存在"的唯一答案是"存在即存在"的重言式，同义反复显然不是解答，而且也不存在任何一种方法能够必然地解释存在，因此，存在虽是存在论的一个概念，却不是存在论中的一个问题。

问题的产生和问题的解决都在于方法，没有方法就什么都没有。正因为没有任何方法能够证明上帝，所以上帝是个纯粹概念，不是一个真实问题，也就不许追问。有人相信上帝，这件事情倒是个问题。或者说，上帝不是问题，但信仰是个问题，因为存在着能够研究信仰这件事情的方法。唯名论取消了许多梦想，所以非常讨厌，但唯名论切中了要害。那些总括一切的本源，诸如"存在"、"绝对精神"或"第一因"之类，此类概念对于思想是冗余的。说到"绝对精神"是个多余概念，不少人会同意，这个例子不够刺激；但说到"存在"不是问题，估计许多人就会勃然大怒，可知切中要害（维特根斯坦早就讨论过了）。我想给出一个奥卡姆式的简易证明：如果不去思考问题a而思想无所损失，那么问题a或者无意义或者不重要。显然，存在无比重要，而存在作为问题不重要，因为这个问题的任何回答都不影响存在。语言的许多概念只是语言的语法功能，并非问题，这就语言本身来说并不奇怪，只是人们经常难免会有唯实论的潜意识。

3　生成问题的发散路径与问题溯源的递归路径

思想无法回避的问题都是生活无法回避的问题，标志着人类生存必然遭遇的难题，因此所有思想问题都有着历史性的来路，而原初问题肯定是生活遇到的最重要问题，反过来说，最重要或最严重的问题必定引起思想的最大注意力。原初问题是所有后继问题的前提条件，所以原初问题就是思想的本源。可是，本源的创建点已经远去，埋没在历史变化之中，我们根据什么去重新发现本源？

对本源的溯源不是哲学史。尽管溯源的路上肯定会涉及哲学史上的诸种理论，但形而上学的溯源是在追溯人类存在的根本问题，并不是对哲学学派的传承研究。形而上学的溯源要重新发现的是各种问题的来龙去脉，而不是各种学说的来龙去脉，这是两种不同的工作。追溯问题的本源可以说是历史形而上学，分析的是问题路径的历史性，却还是形而上学，而不是哲学史。

这样的理解肯定脱离了形而上学的传统路线。哲学的一个传统方法是以概念的逻辑关系来推演出事物的结构性原理；可是，以概念推演万物结构或许是个精彩故事，但与真实世界、真实历史和真实问题并不一致，甚至无关（例如黑格尔用概念推论出世界和世界历史），或者只是定义了一个"别的可能世界"而对"我们的世界"无所说明（例如罗尔斯的无知之幕）。与之相反，历史形而上学不去假设任何预定的概念结构，不听从语言的安排，而去研究始终在生成中的（becoming）"我们的世界"到底生成了什么始终在场并且决不退场的问题，因此需要一种具有递归性（recursive）回溯能力的"逆运算"方法，从问题的生成路径逆行回溯本源，即从当前问题去逆向追溯与当前问题保持连续一致性的本源问题，或者说是那些经万变而不变的问题，而递归的终点就是本源。问题既有来路，就必有回路，形而上学寻找的就是问题的回路。

生成问题的"存在论事件"早已消于无形，甚至哲学史也没有记录。在被记载的哲学史之前，人类生存所遭遇所提出的本源问题早已存在，这意味着，本源问题具有的历史性直达史前史。哲学史中"最早"的哲学家们关于本源的想象只是被记录下来的思想，却不等于真正初始的本源问题。本源问题必定是人类生存从一开始就必然遭遇的根本问题，也是开展任何一种可能生活所无法回避的问题，因此必定远远早于哲学史而存在于思想的"初始状态"之中，存在于人类秩序的创建时刻，所以需要以"考古"方式去探明本源问题。与"哲学即哲学史"这个说法相反,我相信更根本的哲学问题并不存在于有文本可证的哲学史中,而存在于人类的全部历史和全部生活之中。

尽管生成本源问题的"存在论事件"不可逆,但幸亏本源问题不会随之消失。本源问题必是最重要的问题,任何要命的问题都不会消失,否则就称不上本源了。这意味着,本源不仅具有初始性,而且具有永远在场性,本源问题必定贯穿地始终存在于全部可能生活之中,也因其始终在场而具有永远的当代性。本源问题的永远当代性,或始终在场性,正是本源留给我们的溯源线索,就是说,当代的根本问题与本源问题必定具有"穿越的"一致性,这正是本源问题留下的溯源标记。

对本源问题的溯源需要在历史生成的复杂路径上去发现可逆的回路而确认其来路。生活和历史的演变是创造性的,有着语境化和时代化的不确定性、偶然性和变易性,因此,从本源问题出发的思想演化路径必定是衍生性和发散性(discursive)的,问题的路径经常出现树状分叉,而分叉路径又形成新的问题,于是,如果从本源的来路去看,必定是一个迷宫现象。要保证能够逆向追溯到本源问题而不迷路,其反思性的回路就必定是递归性(recursive)的,即在回路上必须能够发现不断复制的问题,类似于不断复制的基因,因此能够以具有递归性的问题为路标去追溯本源。确认哪些问题具有递归性,就是在溯源的回路上避免迷失的方法,而具有递归性的问题的归零点就是本源问题。必须承认，在复杂的衍生路径中去发现哪些问题具有递归性并不容易，何况生活本身总有歧义性和不确定性，因此不可能表达为数学式的严格递归，我想象的替代方法是，溯源回路的递归性至少应该满足以下标准：

（1）首先，在问题溯源的每个步骤上必须至少达到"溯因推理"（abduction）的能力。皮尔士所以发明"溯因推理"，或许就是因为发现在许多事情（应该是大多数事情）上缺乏必然推理的条件，因而人们就使用一种并不必然但"非常可能"的推论。溯因推理至今似乎尚无标准公式，粗略地说就是从结果去反推最为可能的原因，可以表现为这样的推理形式："确实存在某个需要解释的事实F；并且有，如果C那么F，因此，C就非常可能是对F的解释。"可以看出，溯因推理几乎就是"侦探逻辑"。在找到铁证之前，侦探无法确认罪犯，因此需要一种能够有效收敛调查范围的方法，大概是这样的：针对问题Q来分析所有相关可能性，把所有不成立的情况（比如有不在场证据）加以排除，再把合理的诸种可能性按照与Q的相关度加以排序，以此达到搜索范围最小化和最优化。追寻本源也类似于侦探的工作，都是"破案"，只是哲学试图破解的是本源问题的创建点。

（2）在溯源回路上对溯因推理进行重复运用，以便发现具有递归性的问题，即去寻找哪些问题在回路上始终有着不断复制的递归性。这里有个合理的假定：在递进的每一轮溯因推理中，都应该能够发现某些至少某个反复出现的相同问题，即发现某些或某个问题居然永不退场，而且永远无法悬隔或无法删除，那么这些或这个问题就是本源。这相当于发现，每个时代的作案人居然总是同一个人，即作案人能够穿越时代。这种不可能的故事在哲学问题上不仅是可能的，而且正是哲学寻找的目标。

这里需要解释哲学的两面性质：一方面，哲学的目标问题不是历史语境下的偶然故事，因此哲学具有"超历史性"而达到与时间同尺度——当然这是一种意识的夸张，估计是早期哲学思维的一个后遗症。今天我们已经认识到，比较准确地说，哲学的超历史性的真实意思是贯穿整个历史，但恐怕达不到时间尺度。哲学的超历史性容易误导哲学去研究永恒普遍的万物原理或规律，然而那是数学和科学的工作，哲学根本不具备研究万物原理或规律的方法；另一方面，哲学的问题溯源必定是一条具有历史性的回路，既然问题的来路是连续历史生成的，那么就存在某些贯穿历史而不断重复的"基因"。可以说，形而上学溯源所寻找的就是历史生成的而具有超历史性的问题，即与整个历史同在并且非常可能与未来同在的问题。

这样就容易理解哲学问题的递归性了。如果在多轮迭代的溯因推理中，存在着某个始终重复的核心问题，那么就形成了溯源递归（backtracking recursion），不断重复的问题就是溯源递归的路标，一直回溯到归零点，即生成问题的初始状态，那里就是本源之所在。在溯源递归的过程中，我们将不断排除那些非递归的问题，即附着于特定语境或特定时代背景而风靡一时的问题，只认定具有递归性的问题而穷追不舍。假设一个非常粗略的情况：开始溯源时会遇到多种竞争性的当前问题（a, b, c, d, e, f, g……），经过N轮的溯因推理，部分问题的路径中断了，于是问题减少为（a，b，c），再经过N轮的溯因推理，最后只剩下a，那么a就是始终递归的问题，而a就是本源。试举一例，"个人"（单子式或原子式个人）虽然是现代以来最著名的观念之一，却不是一个始终递归的问题，因为其回路中断于启蒙时代，即使把预备状态也算在内，最多追溯到中世纪（比如路德），据说还能够追溯到中世纪早期的英国生活方式（麦克法兰的一家之言）。无论如何，这意味着，所有以个人为基本思考单位的哲学问题都没有贯穿整个历史的始终递归性，也就不是具有超历史性的普遍必然的哲学问题。可见，如果时间跨度足够大，许多煊赫一时的观念就未必是那么重要的问题了。

值得注意的是，黑格尔显然意识到了递归性，但他搞错了递归的方向，他试图以递归的方式来生成一个创造性的发散过程，把一切历史的偶然机遇或行为、经验发现或积累以及各种无计划或不可测的创造演化都归入先验注定的"正反合"递归结构，可惜方向颠倒了，因此与事实严重不符，其中，先验论走私了太多属于经验论的事情。事实上，无人具有上帝的视野而先验地知道万物的发展必定具有哪一种递归结构（尤其不可能是像"正反合"这样奇怪的结构），更不可能预知尚未发生的未来会有历史的终结，甚至会有哪一种历史终结。以黑格尔为例只因其哲学最具典型性，倒不是因为黑格尔比别的哲学家更为错误，其实所有受到一神教格局影响的哲学都预设了某种先验的历史发展规律和终点，而其他文化背景下的哲学并不这样想，因为其他文化的文学里并没有最后审判之类的故事情节。这一点反而证明了历史没有先验规律，因为一神教本身的生成就是历史偶然。

福柯的知识考古学是思想溯源的一个例子。不过福柯的目标不是我们这里感兴趣的本源问题，福柯试图揭示的"知识型"是具有特定时代性的某种支配人们如何看事物的认知结构，似乎更应该说是认知的"潜结构"，可以类比于弗洛伊德的"潜意识"（我猜想福柯不是从哲学而是从心理学那里获得的灵感）。与之不同，我们这里试图发现的本源性问题是事关如何生存的基本问题，具有贯穿所有时代的递归性，并不专属特定时代，而认证那些递归性的问题就是确认什么是事关生存和思想秩序的本源问题，或许可以说是"问题考古学"——如果可以借用考古学这个比喻的话（福柯的知识考古学也是比喻）。尽管哲学的"考古"没有实证，但溯源递归所发现的问题递归性可以成为建立问题链的证据，在这个意义上，关于生存与秩序的基本问题的递归研究就具有"考古性"。这是对溯源方法的一个解释。

4 对溯源结果的分析

在此简单分析一下《第一哲学的支点》的溯源结果。我试图证明的是，"我作"（facio）是"几乎"所有哲学问题的本源问题，即能够生成所有哲学问题的路径初始创建点，与我思、存在、此在、绝对精神之类的其他本源选项相比，"我作"有着生成更多问题路径的更大能力。从"我作"开始，可以直达可能性（一切思想对象）、共在（人类生存条件）、语言（一切对象的表达）、未来性（一切存在的意义），又同时路径分叉而通达我思（cogito，笛卡尔的心灵问题）和我忧（curo，海德格尔的在世问题），接着在多个路径分叉可引出经济、政治、伦理、法律和历史等全部生活–实践问题，以及其他不尽列举的问题，而"我作"在所有分叉路径上都具有始终在场的递归性，就是说，人类所思所做的所有事情都内在地包含"我作"的"作者难题"，即"我应该选择何种可能性"或"何种可能性是更好的"。这个难题之所以是本源性的，是因为这是超知识或先于知识的问题，没有知识论的答案，是一个"创世论的"问题。人创造存在的秩序先于认识秩序，或者说，人类在创造一切秩序上先"赌博"而后反思。由此看来，"我作"非常可能就是兼备全程递归性和几乎通达全部路径的本源问题。最后解释为什么"我作"只能说是"几乎"通达所有问题——尽管我希望将来能够证明它确实能够通达所有问题,那就更有趣了。目前我遇到的是两个局限性。

局限性之一,"我作"可以解释部分真理的基础,尤其是与经验相关的真理,但未必能够解释所有类型的真理,比如恐怕难以解释数学真理的基础。数学看起来是天启的,它在真实世界之外另外定义了一个纯粹的形式世界。数学世界里的许多命题在实践领域或真实世界里似乎不能实现。已有过不少数学家试图对数学基础给出一种完全的解释,比如罗素试图把数学还原为逻辑,但似乎不太成功。没准毕达哥拉斯的天才猜想是对的:宇宙万物的本质是数。可是,万物(things)的秘密与万事(facts)的秘密并不完全相通,似乎只是部分相似。显然,"我作"只是涉及万事的秘密,却不能解释万物的秘密。数学真理或许真的是属于神的。就目前来看,这是"我作"的一个局限性。当然,不排除将来能够发现万物与万事的完全相通性。

另一个局限性是,"我作"不能解释个人的私人心理(privacy)问题。"我作"的主体虽然是个人,但涉及或产生的所有问题在实质上都是二人或以上的关系,因而对个人内在的私人性无所说明。个人只是行为的实施者,而其行为导致的问题大多与他者相关。每个行为都建构了一个时空,如果行为建构的时空包括他者,就构成一个公共问题;如果行为建构的时空仅仅属于个人,就是一个私人问题。就解释能力而言,"我作"能够说明二人以上关系中的所有问题,却不能解释个人心理的秘密(比如道家和佛家关心的问题)。

问题规模是一个具有决定性的因素,对此需要稍加说明。如果选取的问题规模仅限于一个人,这种"一人模式"只产生了关于个人生命内在的私人问题。私人问题是否属于哲学问题,这是个疑问,仍然可以争论。按照维特根斯坦的标准来看,私人性是个事实,但不构成需要争论的问题,因为各有各心,不可通约,也就无可争论。不过道家或佛家可能会相信私人生命经验暗含着通天达地的秘密,比如与宇宙同构的密码。这种激动人心的想象并非不可能,但其短处是缺乏任何证据,当然也没有能够证伪的证据。我愿意采取中立的理解态度:私人经验里或可能含有惊人的秘密,但私人经验的封闭性使之对于他人没有意义,一个人的领悟不等于他人的领悟,因此,基于私人经验的问题未能成为思想的共同问题。如果选取的问题规模涉及两个人的存在,问题就开始严重了。每个人都不得不加以认真对待的所有问题都始于"他人不同意",也可以说,所有需要争议或斗争的问题都始于自由受到限制。存在论上的"二人模式"必定会产生道德问题和经济问题,二人原则(例如仁的原则或道德的金规则)正是一切道德的基础;如果选取的问题规模在三人以上(三等价于多,三人就蕴含无数人），不难想象，"三人模式"将进而产生出政治问题、伦理问题、分配问题、法律问题、战争问题、竞争问题以及所有社会化的问题，就是说，如果达到"三人模式"，就已经蕴含了人类所有的严重问题。显然，"我作"必定涉及他人而直达共在问题，因此可以有效地解释"二人模式"和"三人模式"中的所有问题，但不能解释"一人模式"。

我相信"我作"已是足够好的本源问题，至少目前看不到更为基本的问题。

（原载《哲学动态》2021年第7期）

{ 八 }

形成本源问题的存在论事件

1 Arche 与道：本原与本源[1]

在《追溯本源的方法和问题的递归性》一文中，我讨论了回溯本源的方法，主要是通过具有递归性的问题并沿着其递归标识回溯到哲学问题的原点，或递归的归零点，那里就是哲学需要反思的本源性问题，即存在论与创世论合一的创世存在论问题，以"我作"（facio）为本源标记。这里准备进一步讨论的是，与递归回溯相反的方向上，发生着问题路径的历史性生成。检查问题路径可以显示一个被设定的问题本源是否真的能够通达"所有问题"——这个夸张的修辞说法来自我在《一个或

---

[1] 感谢王齐教授给我提出的一个切中要害的问题：为什么把哲学之本定义为"本源"而不是"本原"？本源与本原是两个概念吗？而区分两者正是我的用意所在。

所有问题》(1998年初版,2023年修改版)一书中讨论的哲学状态,即一个问题总是联系于所有问题,而所有问题总是汇合为一个问题。尽管措辞或有夸张(态度不好),但所有问题之间确实存在着互相注解、互相解释或互相证明甚至互为解决的关系,乃至于成为"一个问题"。

哲学不是任何一种知识,却是所有知识的共同界限,任何一种知识在其能力极限处就产生哲学问题,因此,在哲学的层次上可观察到所有问题殊途同归的反思性的"一统"情况——只是在反思性上的共通性,并非传统哲学幻想而其实不存在的那种统摄一切的绝对知识。正因为哲学无法还原为知识,所以哲学问题是永远没有答案的根本困惑。哲学的传统目标曾经是终极知识,试图寻求终极问题的终极答案。当代哲学似乎已经放弃了这个不可能的自大目标,但这个设定或精神定位其实并没有消失,而是顽固地化为潜意识或默认设定。为何如此?大概是因为并没有替代方案。当看不到显然更好的选项,人类一般就把错误坚持到底。分析哲学以及后现代哲学曾经以激进的方式批判和拒绝了形而上学,但思想终究无法摆脱形而上学。如果提不出建设性的替代方案,批判或拒绝就无所作为。

终极问题是一个想象,而终极答案是一个奢望。这种想象和奢望的理由不是来自思想而是心理需要,所以从未消失。终极问题本身不是问题,但对终极问题的想象却变成了一个问题。几乎每个人都会忍不住想到此类形而上学问题:(1)一切事物来自哪里?(2)一切意义来自哪里?最早,人们以神话和宗教的方式来想象终极问题和终极答案,而后才转化为哲学问题。宗教和传统形而上学的终极问题是同构的,只是宗教的解答方式是信念,而哲学的解答方式是终极知识,即超越了经验知识的绝对知识,通常是据说能够解释一切事物的或唯物或唯心的"原理"。

关于一切事物来自哪里的一统解释可称为万物理论(the theory of everything),有神话、宗教、哲学和科学的解释,但都难以充分必然地解释无中生有即"从0到1"的问题,甚至不能说明存在是否真有0的状态。如果假定开始就是1,那么何以是1也无法解释。据说将来的一统物理学就有望充分解释万物,因而科学才是真正的万物理论。即使哲学仍然试图解释万物问题,万物问题却已经抛弃哲学,正是在这一点上,霍金说哲学死了。万物的哲学可能确实不可能,但科学不能解释万事,因此万事的哲学有理由继续自己的梦想。

万事都有意义,一切意义来自哪里,这是无法被剥夺的哲学问题,涉及与价值相关的所有领域。对此有目的论的解释、规范论的解释和历史的解释。目的论貌似轻松地解释了一切,但其解释本身的合理性却没有被解释,更无证据。而且,假定目的论是真的,就反而证明了一切存在的意义正是无意义,因为只有神的安排是有意义的。而一切必然注定的事情自身是无意义的。这个目的论的悖论导致了目的论的意义消散。问题在于，意义是自由的相关项，如果一切意义是先定的，也就因为取消了自由而形成意义消散。规范论是当代主流，但其疑点甚至超过目的论。任何规范原则都是某种价值主张，而任何一种价值观都是主观的，因此没有一种规范有先验资格成为定义价值的普遍原则。假如认为某种规范可以定义普遍价值，那么，任何与之不同的规范也有同样的资格去定义普遍价值。这个等价于维特根斯坦的规则悖论的规范论悖论，证明了根本不存在关于价值的普遍一致的理性解释。而且，规范和价值之间还无法避免循环解释，就是说，一种规范的价值资格预设了某种价值观，可是价值观又是某种规范来定义的，这种循环解释说明规范论是无效的。显然，人的意义需要在人自主的活动中被解释，但又不能在某种想象的固化结构或原则下被定义。人不是一个先验概念，只能在其演化生长方式中被说明，就是说，人的概念由人的演变来说明，人的意义存在于人创造的生活里，因此，只有历史性才能够解释人的意义，历史是对存在的赋值，时间本身无意义，而历史赋予时间以意义。

由此看来，只有当存在和意义互相注解、互相重叠而不可分地合成一个问题才是哲学问题，就是说，只有当存在创造了意义才被赋予意义，这样一个"存在为自身创造意义"的奇迹就成为了哲学问题。如果存在与意义相分离，那么，万物的存在归物理学去解释，而存在的意义归宗教去解释，就没有什么问题留给哲学了。显然，只有在人类自己创造的"事情"里，存在与意义才达到重叠合一，才形成了哲学问题，所以说哲学的对象是人的"事情"（facts）而不是自在的"事物"（things），哲学的出发点不是"存在"而是"存在的可能性"或"可能的存在"；不是万物的规律，而是人的事件蕴含的创世论问题。这意味着，在历史开始之前的存在没有提出哲学问题，而历史的开端事件（original event）才是哲学问题的本源。创造历史就是人的"创世性"事件，人为万物建立了非自然的秩序而创造了意义和价值，因此，创造历史的事件也就是人的存在论事件，本源就是人的存在论事件所制造出来的初始问题，即开启了存在的历史性的问题，其中没有给定的理念或先验目的，所以是本源而不是本原。

在哲学之初，本源或本原的含义往往属于同一个概念，这暗示哲学最初并未区分这两个相关而不同的问题，因为哲学的最初冲动是试图一揽子解释一切存在，包括万物和万事，不加区分。以道为例，道既是起始性，也是始终性，既是贯穿于一切存在的万物原理，也是用于实践所有事情的普遍方法论。另一个例子是arche，也是综合多义的概念，据亚里士多德的解释，包括6种含义。[1] 其中1、2、4、6种含义是"起源性"的事物，第3

---

[1] 亚里士多德：《形而上学》，1012b34-1013b23。

种含义接近"基本性"的本质,第5种含义是具有"决定性"的制度或行为。亚里士多德的定义包含的三类含义提出的是不同的问题,如此大包大揽,因此arche也就不容易翻译,曾经译为"始基",意在同时表达起始性和基本性,后来多用"本原"或"本源",更试图同时表达三种含义,但含糊不清。Arche译为英文似乎更为困难,有时译为beginning,有时译为principle,难以两全。有个情况或有助于理解,arche后来成为建筑概念的词根,其含义兼有建构方法和事物结构,相当于同时兼有本源和本原之义。这提示了,本源与本原,或曰始与基,原本被认为是同一的。另外,arche也是考古学的词根,又别有一种提示:本源是留下了根本问题的初始事件。可见,arche就是万变不离其宗之"宗"。无论arche还是道,都试图同时解释万物存在之理和万事变化之道,试图同时解释一切存在的原理和一切变化的方法。此种一统的想象是伟大的直观,意味着早期人类已意识到"存在"与"存在方式"是同一的。这可以引申出一个重要的暗示:存在与创制必须成为同一个问题才是本源问题,即存在论与创世论必须合一才成为本源问题。

然而古代哲学尚未意识到,存在与创制的合一只有落实在人身上才形成哲学问题。其中的道理是,存在与创制的同一性只有在创造主体的反思中才得以显现,创造者对创制的反思形成自相关,思想到达自相关的状态就抵达了思想的界限,而思想的界限既是必须反思的又是不可思的（unthinkable），于是形成永远的问题，所以，只有抵达思想的界限才是哲学问题——最早发现这一点的是维特根斯坦。如果去思考万物的存在或创制，虽然规模更为宏大，反而不是哲学问题，因为万物的本原不是思想自身的界限，而是主体之外的绝对外在性，就目前的知识能力而言，是不可知的存在，或可成为信仰的对象。存在的绝对外在性注定了存在的本原不是思想的一个自相关问题。并非所有自相关的问题都是哲学，但哲学问题都具有自相关性。

　　古典哲学倾向于寻求终极答案的完美主义解释，这是反思想的，因为终极答案意味着不再需要思想，可见，完美主义的理由不是思想性的而是心理性的，是在寻求心理安全。无论以哲学还是宗教的表述出现，完美主义在本质上都是宗教性的。只要假定了解释一切的终极答案，在精神上就属于宗教。比如柏拉图和亚里士多德的哲学虽然伟大，却具有宗教倾向，而神学的唯名论对信仰的理解反而更具哲学性。只有承认上帝是不可知的，才会有为信仰而信仰的纯粹信念，即上帝仅仅是信仰的对象而不是祈求的对象。祈求是交易，所以无论向什么神祈求什么，都属于迷信而不是宗教。同样，如果形而上学不是去反思在思想界限上的问题而去寻求万物的终极答案，比如柏拉图和亚里士多德试图发现超历史的绝对原理，即使其哲学水平极高，也是哲学的无效方向，实际上只是用概念解释了概念，并没有获得真正的知识

（episteme）。允许我粗鲁地问个问题：being除了解释自身，还能够用来说明什么？

也许有人会认为这个判断过于激进。请不要义愤填膺而急于反对，不妨换个角度再加分析。如果本原是解释一切的绝对存在或绝对原理，就必然成为预定论或决定论。预定论是万物全称的普遍必然设定论，等价于说，所有命题都是一个基本命题的分析命题；而决定论是万物全称的普遍必然因果论，等于说，所有事物都是一个事物的必然结果，同样都取消了自由、可能性、创造性和历史性，也就取消了意义和价值，只剩下必然命题。这个模式或适合逻辑和数学（这一点也有些可疑），但肯定不能解释人的存在，也就不是哲学，甚至不适合科学——经验科学或许试图把自由还原为复杂的因果，但还是要承认不确定性、偶然性和突变。无论是绝对原理或理念，预定论或决定论，唯物论或唯心论，虽论点不同，但在思想结构和方法论上是逻辑同构的，都隐含一种执着于对万物的完备解释的"原教旨主义理论"，与一神论在精神上同构。在传统形而上学（亚里士多德）、一神论神学（阿奎那）、逻辑学（亚里士多德）和公理化几何学（欧几里得）中都可见完美主义的精神倾向。必须说，对于不含自由变量的事情，或仅限于可计算的有限变量的事物，比如公理系统，完美主义是最优解法，但对于涉及自由变量的哲学问题，完美主义就不合适了。

把本原理解为绝对的、恒定的、完备的存在原理的完美主义倾向，除了天然的心理需要，可能还另有一个原因。在文明早期，历史尚未复杂地展开，虽时有不测风云而使人意识到个人命运的悖论或悲剧问题（荷马史诗或各种神话），但就日常而言，生活形式、社会结构、行为规则、政治制度和技术水平却长期非常稳定，很少有机会产生秩序变迁的疑难问题，因而人们只看见存在的确定性（太阳每天升起），而尚未看见历史性（移风易俗和革命），也就未能产生反思性的历史意识，对生活的理解就尚无历史性而只有故事性（希罗多德和修昔底德的故事尽管被后人追认为"历史"，但实际上只是区别于神话的写实故事）。既然文明早期的人们意识到的主要问题是不测的命运和绝对的秩序，就会倾向于把本原看作在一切偶然变化背后的绝对原理，或无变化的本体（noumenon），而把变化看成是表面现象（phenomenon）。只有能够把存在的动态理解为真正的存在状态，如《周易》之见，才会产生"不完美主义"来理解万事。《周易》卦象表达的既不是本质也不是现象，而是解释存在动态的方法论，是方法之象，并非事物之象，尽管借用了某些事物之名，只是有助于理解的象征手法。如果把《周易》之象理解为事物之象，就太低级了。《周易》以及老子的"不完美主义"实为不寻常的先见之明，产生的原因不明，或与中国的历史意识发生较早有关，但中国的历史意识发生如此之早，却是另一个谜题，这里无法讨论了。人类的知识和思想注定是"不完美的"，这一点为科学所证实却是非常晚近的事情（例如哥德尔定理和量子力学）。

当存在表现出复杂万变的历史性，哲学就需要从探问超时间的本原转向追溯历史性的本源，即放弃"本原"而寻找"本源"。于是本源就被识别为在万变中递归存在的贯穿于过去、现在和未来的永远未决问题，而不是过去想象的完成式终极答案。无论整个宇宙或所有宇宙（当代物理学推想或有许多宇宙）的存在是否有一个最后的解释，都不是或不再是哲学问题。不过，当把哲学的出发点定位在人类自己制造出来的初始问题，就把形而上学的幅度缩小为人类历史的限度，由万物视野缩小为万事视野，这似乎打击了哲学至大无边的热情，不过，视野收敛了，却由此得以建立人类自我解释的创世存在论。人类的自我解释始于问题并且始终是问题，而正是思想的永远问题化状态成为了生活永远有意义的必要条件。假如所有问题都被解决了，存在的意义就隐退了。因此，发动了历史的本源问题就是思想的永远出发点和重返点，不仅是思想的发源地，也是思想不断革命的策动点。正是问题迫使思想成为反思，而反思导致了对自然秩序的背叛，也就是自然上的"错误"。亚当、夏娃被逐的故事就是这种自然"错误"的古老隐喻，于是亚当、夏娃只好决心成为非自然的人，建立非自然的秩序。人类建立的秩序都是非自然的，所以是赌博，是冒险。哥德尔证明了反思有多么伟大而危险，证明了人类不可能建立完美的系统,同样也不可能建立无漏洞的完美秩序。从真理到真理,是逻辑,从问题到问题,是哲学。

2　思想的存在论事件

按照上面的分析,本源是初始而永在的问题,而不是第一原因或第一存在的原理,那么,传统形而上学的定位就是错位。万物本原不是"物理学之后"的哲学问题,只是"物理学之中"的未决问题。亚里士多德是最伟大的哲学家(仅凭发明了逻辑学就是证明),但他把哲学理解为"物理学之后"的更高知识,却是错误定位。亚里士多德是伟大的,但不等于不会搞错。事实上哲学没有能力研究万物的绝对知识,就是因为没有生产此种知识的哲学方法。哲学没有产生知识的方法,所以哲学不是知识。万物理论属于物理学,因为物理学有方法。不过亚里士多德把哲学定位在思想的"元"(meta-)层次,这一点完全正确。"元"意味着在更基本的层次对某种问题或观念系统进行反思,而进一步的关键问题是,对什么问题进行反思才是哲学的反思。

反思人类创作的存在秩序而发现的元问题就是知识之外的哲学问题,元问题触及了思想界限而形成思想的自相关,因此形成超越知识的纯粹思想。因此,哲学的位置是在"政治之后""伦理之后""社会之后"等等,而人为秩序都是历史性的,于是总的来说,哲学是"历史之后"，即历史形而上学。这里对哲学的重新定位试图说明，人类的创制是"二次创世"，即在自然中创造了非自然的秩序、意义和价值，赋予存在和时间以历史性而创造了人的时间。第一次创世的万物本原虽蕴含终极原理，却不能解释人类的"二次创世"所产生的历史和生活的意义，所以，人有单独属于人的存在论，人的哲学以人所制造的问题为起点。可以说，哲学的限度就是人的存在，哲学的对象就是人的故事，哲学寻找的本源就是人的创世问题，人对秩序的创造就是存在论事件。

由此可知，哲学的本源在于创制、反思和历史共时发生的事件，这是具有创世性的存在论事件，既是一切问题的开端，也是万事的开端，也是历史的开端，三者合一，其中蕴含的初始问题也是人类生活中始终递归在场的问题。我已经论证了，人类的初始存在论事件是否定词的发明。否定词的发明之所以是创世事件，就在于否定词为存在开启了一个本来所无的新维度，即否定词发明了可能性，或者说，发明了可能世界的无穷集合。其创世效果表现为，否定词开启的可能性值域（包含所有可能世界）就是人类对存在的唯一立法，就是说，可能性是由人类创造而加以自然的唯一非自然秩序，所以是"存在论事件"。存在本身的自然秩序是必然性或者偶然性，我们无从得知到底是必然性还是偶然性，但我们知道，存在本来没有可能性的维度，显然，可能性是因为能够自由地否定给定之事而被发明出来的，所以是否定词为存在撑开了新维度。

因此，可能性的发明改变了存在的性质和存在的秩序：（1）创造了实在中不存在的可能世界——可能世界在创造的行动给与落实之前是"虚在"（visions）。因此，可能世界的出现大大扩展了存在的值域；（2）可能性的发明改变了时间的性质，使时间具有未来性而形成时间分叉。自然的"时间"其实只是运动的连续性，或者说，只是运动形成的"时–空关系"的一个值（物理学倾向于这样理解），并没有一个作为计划或预期的未来。可能性创造了未来性，于是，人拥有了作为选项或计划的未来，如此就改变了时间概念，也改变了存在的概念；（3）可能性的发明进而使自由成为可能，使人的存在成为自由存在，并且使存在具有了反思能力而形成存在的自反性，而自然存在原本并没有自由和自反的性质。这是对存在性质的根本改变。

按照知识论的假设和描述（知识论未必如实，但目前不存在可替代的假设–描述框架），自然本身只有必然性（necessity）、不确定性（uncertainty）、偶然性（contingency）和或然性（probability），但不存在可能性（possibility），后者是人的发明。偶然性与或然性看起来略似可能性，其实有着本质差别。偶然性和或然性是人无法选择而只能被动接受的不确定性，可能性却是人的自由选项，选择一个可能世界就是对存在的改变。必然规律（假如有的话）以及或然概率都是被给与而被发现的，只有可能性是思想创造出来的。因此，哲学的第一本源就发生于发明否定词的存在论事件之中，初始问题就是可能性的发明所开启的为存在建立秩序的创制问题，这是人类的反思、创制、自由和历史的共同重叠起点。创世性的存在论事件意味着人类获得了"存在论主权"，这一点直接证明了形而上学的起点不是预定的原理，而是开启一切问题的初始问题，也就是使得"事情"都变成"问题"的问题。人类的秩序建构是历史地展开的，历史没有最后答案，没有预定的终结，只有下一个问题。因此形而上学的性质更接近"道"的隐喻而不是"物理学之后"的概念。形而上学能够追问的不是一切事物从哪里来，而是一切问题从哪里来。道既是前行之路，也是返本之路，而且是始终随行的路，因此是具有"始终的当代性"之路。

以问题为本源的形而上学意味着：凡是可以发现的，终将化为知识；凡是建构的，必定生成哲学问题；凡是哲学问题，都展开为历史。因此可以推想，知识论的问题最后将消失在科学中，所有的哲学问题都将回归形而上学，凡是不能"升级"为形而上学的哲学都属于知识，都将化归为科学或社会科学。这里的"升级"指的是进入思想的"元"层次，不是更高级的意思。思想没有级别之分。以主观偏心来说，我相信数学和物理学至少是技术难度最高的思想。

也许一些哲学家会对哲学将"失去知识论"这个推

想感到失望，肯定也不相信，但在我看来这是哲学本身几乎势在必然的事情。哲学对知识问题的解释，比如对真、证明、信念、必然性、偶然性、或然性的理解，并没有达到科学、数学和逻辑的解释深度，也没有提出超出科学、数学和逻辑的有意义解释，事实上哲学几乎都采用了科学、数学和逻辑学对那些概念的解释。就是说，在关于"事物"的认识上，知识论并没有提出比科学更高的认识（那些属于"灵知"的无证据知识不算在内）。在知识尚未分化的文明初期，哲学曾经提出了深刻的知识论问题而促进了科学，但随着数学和科学发展了哲学所无的形式证明和经验验证方法，凡是能够被解释的知识论问题，都在科学和数学中得到更好的解释，而凡是科学和数学不能解释的，就被证明为不属于知识而属于形而上学概念，比如因果、本质、现象、整体、部分之类的先验概念。我并非在论证知识论无意义，而是说，知识论之中那些无法变成科学的概念和命题被证明其实属于形而上学，因此，无法化归为科学的知识论将变成形而上学的一个部分。

先验的形而上学概念是思想自身的基本设置而解释了思想的运作方式，即"我们就是这样进行思考的，而且只会这样思考，因此总是这样思考"（大致相当于康德论证的结果）。在这个意义上，形而上学概念对于思想来说是"语法性"的——维特根斯坦最早认识到这个问题，所以他讨论了"哲学语法"而不是知识论（他所谓的哲学语法应该说是思想语法,而不是"做哲学"的语法。这个概念有误导性)。作为思想语法的形而上学概念解释的是思想的运作,却不是知识的真值。比如康德式的先验范畴并不能解释知识的真理性,而只是解释了知识的建构规则。正确运用先验范畴,其结果也未必都是真知识,也可以是伪知识甚至是胡说,其中道理类似于谎言和错误观点也同样可以符合逻辑和正确的语法。所以说,先验概念解释了思想语法,但不能解释知识的真值。《纯粹理性批判》其实是关于思想本身的形而上学,并非通常所说的知识论。如果非要继续使用 epistemology 这个概念,那么需要将其理解为"思想的哲学"(philosophy of mind)而不是"知识理论"(the theory of knowledge),因为 epistemology 实质上是一种形而上学。康德早就理解了这一点,所以康德的知识论简本就称为"未来形而上学的导论"。假如以上分析成立,我们就可以肯定,知识论并不是关于知识原理的"元知识",而是关于思想方式的"元思想",即思想的形而上学。知识论是一个错位的名称。作为思想形而上学的知识论是关于思想语法的研究,类似于语言学对语法的研究,解释的是思想规则而不是知识的真值。

自希腊到现代哲学,哲学很少突破以存在与真理为基本问题的思想框架,这大概规定了存在论和知识论的目标,可是这个以存在和真理为基础的框架却是可疑的。很少有人怀疑这个伟大的哲学传统,正因如此,这件事情就更严重了，请允许我提出质疑。如果有一份人类能够想到的"所有问题"列表，存在与真理毫无疑问是最大的问题，也是终极问题，但都不是哲学问题，而应该属于科学或神学。尽管科学和神学未必能够给出真正的答案，但就知识的性质而言，那是属于科学或神学去做的事情。把最大问题等同于哲学问题是思想的错位。事实证明哲学对存在与真理的解释是伟大却劳而无功的努力。关于存在和真理，哲学不可能比逻辑、数学和科学知道的更多，而哲学关于存在和真理的比较可信的讨论基本上都是借用逻辑、数学和科学的理解，原因说破了很简单，哲学自己没有破解存在的秘密的可操作方法，所有关于存在和真理的哲学讨论都仅限于以概念解释概念，以话语解释话语，那仅仅是语言内部的活动，相当于语言的自我解说。分析哲学有个看法是对的，哲学没有能力判断何者为真，只能以逻辑的方式去澄清概念和命题的意义，这种分析是"语法性"的。然而，语言学转向与其说是哲学的进展，不如说把哲学搞成语言学的一个分支。如果哲学就是澄清概念或概念分析，那么哲学思想就不会超出一本权威字典，就是说，哲学无非是字典编纂学。这显然不是我们想要的哲学。

哲学无疑是对形而上学问题 X 的反思，但存在与真理却是在代入 X 时填错了的选项。如前所论，如果一个问题没有陷入自相关的反思，就不是哲学问题而是科学或社会科学问题。以此看来，哲学问题的有效界限就是以人为主语的谓词，简化地说，就是人的动词。人的动词蕴含一切问题，蕴含着人与万物的关系，而人与万物的关系构成了万事，所有问题都在其中，那些触及思想边界而形成反思的自相关问题就是哲学问题。这个理解源于《周易》的启示，如我所见，《周易》暗含一种动词形而上学的路径，其关键词是"作"，人在天地限制下的创作。"作"是人创制存在秩序的动词，而创制秩序提出的问题都具有自相关性，就是说，创制的行为必须反思自身并对自身进行解释，即选择这种而不是那种可能性的理由，可是创造并没有必然理由，这意味着，人不仅需要创造某种存在，而且还需要想出一个好的理由，这里触及了思想的极限或界限。在《周易》理解的世界里，天地不是知识对象，而是人事的参数，所谓人与天地参，天人的互动关系定义了属于人的可能世界及其所有问题，其中的存在论问题就是人创制的存在秩序，所以，"作"就是存在论的关键词。以"作"为出发点的自相关路径显然不同于从"存在"和"真理"出发的外向求知路径。每一个创制秩序之"作"，或政治制度，或伦理道德，或生产技术，都是具有创世性的存在论事件，都把时间变成历史，把可能世界变成存在。

在此需要一提，自从孔子主张"述而不作"到经学把"述而不作"加以制度化而变成思想传统，"作"的问题被遮蔽了。这里的讨论就是试图恢复"作"的存在论问题，也就是存在论与创世论的统一。

3 问题路径的遍历性

作为思想对自身的反思，形而上学的期望值是，以本源问题为出发点而生成足够多的路径而通达所有哲学问题。在此借用一个数学词汇"遍历性"来描述本源问题的普遍通达能力：如果本源问题能够生长出足够多的树状路径而走遍思想空间内的所有哲学问题，就证明是一个绝对的本源，也就是解释所有问题的出发点；如果其树状分叉路径出现中断，甚至无法前行而停留在原地，就说明所预设的本源并没有通达所有问题的充分能力。以下将讨论一些例子，虽然远不能覆盖哲学的想象力，但能够典型地说明哲学路径的演化能力及其局限性。在此我故意选择几种最为显赫的本源假设，为的是说明，即使最显赫的哲学概念也未必是哲学的最优出发点。这里只对问题路径进行简略分析，不进入理论细节。

（1）存在本身（Being qua being）。比如亚里士多德的设想。存在根据其本身只能推出其自身的重言式（tautology），即"存在即存在"的同义反复，除此之外不能先验地或分析地推出其他事情。这意味着，存在的概念是存在论的前提，却不是存在论中的一个问题。表面上看，存在概念无所不包，但存在本身是绝对的、无变化的而永恒如是，也就不能解释创造性的我作（facio）或我思（cogito）以及变化莫测的历史。因此，存在的概念只是肯定了一切存在者"如其所是"状态，却没有形成可以反思的存在论问题。存在概念只具有语言学的语法功能,但在"哲学语法"上并不是一个有意义的问题(按照维特根斯坦标准)。不过值得一提的是,张盾以"第三人称"观点从意义贫乏的存在本身竟然推论出一个富于想象力的命题:存在是平凡的,并且,只有平凡才是存在的可持久状态。与绝对性、必然性和完美性之类描述相比,平凡性具有可理解的实在性。但仍然有个疑点,平凡性意味着始终重复性,几近失去活力的"热寂",等于拒绝了存在的奇迹、历史性或故事性,而存在的意义就在于有故事,无故事就无问题。

(2)绝对存在(the absolute being)。这是具有神学性质的宇宙论概念,可以化身为第一因、上帝、物质或绝对精神之类,通常设定包含万物原理而成为万物理论的基础。然而,绝对存在不在时空中存在。只要在时空中存在,就变成有限而相对的了,因此,要满足绝对性,绝对存在就只能是一个纯粹概念而无处存在,绝对存在的万物原理就成为空话。尽管可以赋予绝对存在最大最完美的名义上的"含义",却不存在与之相配而能够满足一个摹状词集合的真实所指。因此,绝对存在概念本身就是终结,没有需要展开的问题路径。至于黑格尔从绝对精神的纯粹概念"辩证地"推演出无穷丰富的世界和历史,那是文学想象,既不符合科学,也不符合历史事实,更不符合逻辑学所承认的逻辑。绝对存在的概念并不蕴含必然性,当然,也没有证据表明,绝对存在的只是偶然性,就像梅亚苏主张的那样。事实是,思想不认识绝对存在。

(3)我思(cogito)。笛卡尔的杰作,这是一个非常强大的本源选项,在我找到"我作"(facio)之前,我会同意"我思"是最好的哲学出发点。孟子、陆九渊和王阳明也会赞同"我思",但我相信孔子会赞同"我作"。以我思为出发点意味着哲学由存在转向了关于存在的思想,即知识论转向(也是主体性的转向),于是,形而上学奇迹般的化为知识论的一个内部问题。我思的绝对性在于我思自身携带了证明自身的方法。笛卡尔为我思发明了"先验论证":一切皆可怀疑,唯我思不可怀疑,如怀疑我思则导致自相矛盾,反而成为我思的自我证明。先验论证的要点是:如果非a必须基于a才能成立,那么a反而得证。凡是通得过先验论证的事情,就先验为真,而先验为真意味着必然为真。不过,这个结论只是唯心论的信念,严格地说,先验为真只能推出"在人类知识条件下为真",但不能推出"必然为真",因为我们不知道在外星人(假如存在)的知识条件下是否也为真。就目前来看,在人类知识条件下为真,就已经够用了。先验论证是一种专属哲学的方法,在此之前,只有皮浪和恩披里克发明的怀疑论是专属哲学的方法,而苏格拉底、柏拉图和亚里士多德所用方法只是通用的逻辑,并非专属哲学。笛卡尔以先验论证开启了主体性哲学,唯有主体性能够自证,其他事物皆不能自证而有待主体性为之证明,因此,思想就雄赳赳地成为存在的解释,主观性成为客观性的根据。不过笛卡尔未能成功地定义完全自足的主体性,他仅仅证明了我思,却不能证明任何所思(cogitatum)的可信性或客观性,相当于说,意识能够自证,却不能证明意识的对象。如此的话,除了自证,我思一事无成,可见笛卡尔的我思虽是一个良好的起点,却还没有准备好如何开通知识、真理和历史的问题路径,还有待后来的推进。

(3-1)康德进一步开发了我思的两个最重要分叉路径。康德试图证明,主体性能够为一切事物立法。首先是建构了知识的先验基础,不过康德设想的知识先验原理并不完美,只能解释牛顿物理学和欧几里得几何学,却不能解释相对论、量子力学和非欧几何,但这是时代的知识局限,不是严重问题。重要的疑点是,普遍有效应用于经验的知识先验原则并不能必然地产生真理,就是说,满足康德条件而产生的知识并不必然是真理;另外,知识的先验原则对于自然知识有些用处(尽管概念架构的容量不够),但对于人文知识、历史知识和社会科学就明显不合用了,例如历史知识就未必普遍更非必然。当然,这个短处不能归咎于康德,在康德的时代,社会科学尚未出现,现代化的史学也尚未形成,因此缺乏参照。

康德的主体性立法还有更重要的另一个方面:对行为的自由立法。主体性必须在行为上同时是自由的和理性的，否则无望建立实践的主体性。在此，康德把形而上学问题落实为人的问题，这个伟大的创意需要解决的困难是，如果自由的意志和不自由的理性都是绝对的，似乎互相冲突的两者如何能够协调一致？为了解决这个高难度的问题，康德发现–发明了意志与理性的一个交汇点，一个完美结合形式，即自律道德（autonomy）。这意味着，自我约束的道德绝对律令正好就是自由意志以自身为依据而自愿选定的。这是惟微惟危的一种意识状态，需要极强的自我意识方能把持。康德立意虽高，但有个无法消除的疑点：道德律令虽被认为是绝对的，在实践事实中却不具有与知识先验范畴同样普遍必然的先验效力（我很好奇康德是否考虑到这个局限性），就是说，绝大多数人在绝大多数事情上都在违背康德的道德律令，因此道德律令虽然绝对却无效率，而且，尽管绝大多数人在实践上违背了康德的道德，人类也能够发展文明社会，可见自律道德并不是对伦理事实的必然解释，不是伦理生活的必要条件，而只是一个不切实际的理想。另外，康德的"独白式"主体性也终究无力解释主体间关系尤其是博弈状态的问题，包括政治、经济和历史。

（3-2）胡塞尔的先验哲学开拓了我思的另一个路径。胡塞尔绕过康德回到笛卡尔来重新出发，他试图建构不仅自主而且自足的主体性，即我思能够在意识内部解释所思的客观性。胡塞尔以意向性来解释对所思的客观化建构，意向性的"构造"行为把时间性的意识过程展开为空间性的结构化意义，而结构相当于世界——所以胡塞尔把意向性理解为"构造性"（constructive）的。意向性的能力证明了我思能够建构一个内在于意识的客观所思世界，也就证明了我思建构了内在于意识而完全自足，并且外力不可摧毁因而具有绝对性的形而上对象，于是绝对性和客观性不再属于外在性，反而属于内在性。既然形而上对象内移到意识内部，我思就可以悬隔"难搞的"自在之物而仍然拥有一个完整世界。

胡塞尔一举解决了三个难题：1）笛卡尔问题，即我思何以解释所思的确定性和客观性；2）贝克莱问题，既然"被感知的存在"（the perceived as such）的意识意义（noematic sinn）已经先验地包含了绝对的形而上对象，也就不需要上帝作为一切事物的最后证人了；3）同时也解决了康德的自在之物问题，尽管自在之物没有被消除，但有理由被悬隔而不再成为意识的困惑。胡塞尔的先验哲学达到了我思路径的最大限度，也是唯心论的最大限度，但许多哲学问题仍然漏网了：与身体有关的问题都落在我思之外，还有，意向性虽然解释了客观性却无法解释真理性，也无法理解外部世界（悬隔外部世界不等于理解外部世界），还有，最要命的短板是，意向性无法决定未来。未来性不听从意向性，这意味着，意向性的先验效力仅限于时间的一半，其效力止于当下，而时间的另一半——将来时——逃逸在意向性效力之外。时间与存在等值，不能解释全部时间也就无法充分解释存在。

从笛卡尔、康德到胡塞尔，我们看到了我思路径的充分展开，但也发现了我思路径的极限也是局限，显然，我思没有能力支撑起所有哲学问题。

（4）海德格尔为存在开启了一个革命性的路径分叉。唯一能够赋予存在以意义的此在（Dasein）成为了本源的一个新选项，在此，海德格尔把问题引回到被我思所悬隔而事实上人人亲身所在的世界。人的存在无法回避的问题是，身体性的人被抛在世界中，实实在在地遭遇到意向性无法克服的外部性，包括生存的种种障碍、困难和死亡，这些实在的问题都是意向性无法自主解决的，于是陷入无尽的操心、忧虑和恐惧。每个人在自我的意向之前就"被抛"在世界中，这个事实证明了外部世界无法被悬隔，甚至证明了外部世界的问题比我思的问题更重要。既然世界的外部性是意向性无法做主因而解决不了的问题，也就证明了我思所建构的内在于主观性的客观性终究无法悬隔或代替外在客观性，也证明了形而上学问题终究不能化归为知识论或意识理论。可见现象学的解释力终究有限，无法解释亲身世界里发生的政治、经济、战争、法律、技术和伦理问题，即柏拉图、马基雅维利、霍布斯、休谟、康德和马克思提出的问题，而所有那些切身的存在论事实，正如海德格尔指出的，都无法不"在意"（curo）。

奇怪的是，海德格尔没有讨论最严重的在世事件，即杀人和被杀，这是后来列维纳斯的关注。海德格尔在他开拓的路径上有意无意地绕过了最严重的问题,包括伦理、政治、经济和历史的问题,而去关注广义的美学和艺术状态,这似乎避重就轻了。事实上,按照人"被抛于世"的状态,存在的首要问题是苦难,而不是诗意或艺术。比起苦难,无论诗意栖居或向死而生都相对缺乏分量。人终有一死,这是事实,不是问题,但人的存在"或重于泰山,或轻于鸿毛"就是问题了。与诗和艺术相比,苦难更直接深入到存在论的根本问题:何以存在和应该如何存在,其极端形式是"存在还是毁灭"(to be or not to be)。

(5)列维纳斯以宗教精神开启了另一条哲学路径,其基本关注是基于人与天(超越者)关系之上的人与人关系。这个存在论问题在杀人这个极端形式中显现了极致深度。杀人之所以比生活中其他事情都深刻得多,是因为杀人把生命的自然事实变成一个形而上问题,杀人制造了自然之外或意料之外的存在时限性,即存在可以被故意剥夺,因此杀人是比"向死而生"更深刻也更严重的存在论问题,因此列维纳斯相信伦理学是第一哲学。如果不落实为政治和伦理问题,此在的在世遭遇就只是私人问题而失去形而上的重量和普遍力量,海德格尔正是回避了政治和伦理而不能充分揭示此在的深度。可以如此推论(或未必完全符合列维纳斯的思路):形而上学如果与生活的极端问题无关,就无处证明其重要性和必要性,因此,形而上问题必须落实为形而下的极端问题,或反过来说，只有当形而下的事情具有形而上的意义，两者的汇合点才是真正的哲学问题。

列维纳斯相信人脸是上帝通过他人的显灵（epiphany），因此他人显现了神圣的超越性，在此，他人世俗的负面外部性被转换为神圣的超越性——这一点比较可疑，过于宗教了，也因此走向不切实际。面对面意味着互为超越的关系，而脸的超越性暗示人与人的关系必须从视觉转向听觉。视觉是霸权主义，我把你看成什么样就是什么样，而听觉必须听别人说什么，答案在他人那里，因此，互相倾听就是先验的道德义务。这里无须康德的自律绝对命令，脸的显灵在理性之前就给出了道德命令：不能杀人。列维纳斯甚至认为他人非对称地高于自己，这样就实现了伦理和宗教一体化。但这个优美的论点却有个疑点，如果他人在形而上学上"非对称地"优先于我自己，就会推出"专门利人"的反自然伦理，或者说，伦理就是反自然。自然状态是弱肉强食，那么，反自然的道德就是保护弱者（尼采认为弱者才需要道德）。反自然的思路有着理想主义的魅力，但是反自然不等于能够超越或改变自然，列维纳斯的伦理学显然没有能力解决霍布斯问题，可见列维纳斯的路径也走不通。尽管列维纳斯的哲学不及康德、胡塞尔和海德格尔那么博大精深，但他的问题意识十分卓越而且切中要害，可惜过于理想化而不切实际。人性和现实虽然俗不可耐甚至是罪恶的，但真正有意义的问题必须以现实为给定条件。否认现实的思想是无效的。

（6）由于历史和文化隔离，儒家与以上的哲学路径都没有关系，也没有发生互相影响，但人类的基本问题终究十分相似，毕竟人性是相似的。列维纳斯通过犹太精神而重启的基本问题就与儒家不问鬼神而发现的基本问题高度一致，都属于天人关系和人与人关系的框架，但各自选择的解释路径大不相同。儒家以相成关系（reciprocity）为问题基准，完全不同于以个体为基准的思路。儒家关注动态关系和互动性，不相信绝对性和先验结构。关系的有效性和稳定性在于动态的相成性（reciprocity）和均衡性（equilibrium），而不在于每个存在本身的平等性（equality）或绝对性，这意味着，关系才是定义每个存在性质的形而上函数，个体只是经验性和语境性的变元。对于充满"俗世"味道的儒家来说，形而上学问题必须落实在有人参与的互动关系中，否则无意义，所谓道不远人。儒家路径有着强大的通达能力，可以通达包括政治、伦理、历史在内的价值领域，但不能通达逻辑和科学。儒家对生存的解释力很强，对真理的解释力很弱，存在与真理的分离是一个疑点。

对于儒家来说，存在的有效性就是一切，而存在的有效性在于关系，所有关系的有效性最终都在于与自然一致。这个形而上假设的知识论理由是：除了自然，存在的方式并无更高明的榜样，甚至别无榜样。进而还有个更强劲的自然主义理由：人是自然的一部分，不可能高于自然，所以自然为人立法，而不是相反。如果反自然，就会产生自相矛盾乃至灭亡。[1]有趣的问题是，自然固然是人的界限，但人有人的需要，于是人有人道，即人建立的秩序，于是自然与人之间，或者说，天道与人道之间，必须达成两全其美的均衡。最合理的人道必定是在自然允许的范围内实现人道的最优化，即自然约束下的人道最大值。儒家的形而上学假设是天人二元，而不是一元，道理就在于自然与人的均衡，因此儒家强调反极端的中庸之道。关于中庸，古人的诗化语言不清楚，因此多有歧义。以逻辑观点看，中庸似乎可以解释为具有鲁棒性（robust）的均衡之道。如果一种存在对任何外在的变量不敏感，或者说其存在的稳定性不受外在变量的影响，就具有鲁棒性——这正是因"中"而"庸"之义，即具有鲁棒性因而具有存在之可持续性。

儒家至少有两个局限性：一个是存在论的局限性，其自然主义和保守主义原则难以解释创制秩序的问题。虽然《周易》早就意识到了"作"是存在论的基本问题，但后世儒家更关心"述"而遮蔽了"作"的本源性，而

---

[1] 王齐教授提过一个疑问：杀身成仁是不是反自然？我推想儒家可能这样解释：值得杀身成仁的事情必定是为了保护更高级别的自然存在或原则，比如必须保护的人或国家。我曾与生物学家白书农教授谈论过这个问题，他认为对于几乎所有生物来说，种群生存都高于个体，这是最大的自然，只有个人主义的理解有所不同，但个人主义的理解并无生物学依据，而是人的想象。

"述"的传统更重视重复性、复制性和稳定性。这意味着儒家没有意识到"作"是在全部时间上的不断起源,即每个时间都有可能因为新"作"而成为一个新的本源,而以为"作"是属于远古圣王的事情,后世只能"述",于是,经学(中国的解释学)就遮蔽了存在论;另一个是在知识论上的局限性。假定自然之道就是最优榜样,不需要别的道了,这一点虽有争议但不严重,然而问题是,儒家对自然之道的直观想象却未必就是关于道的正确理解,例如"男尊女卑"只是儒家的教条而显然不是自然普遍之道,已经被科学否证了。其实,据说反映了天经地义的"三纲五常"都比较可疑,大多数都不是普遍之道。可见儒家在特定社会条件下对自然之道的理解并非普遍有效。更深刻的问题是,在断言自然之道是什么样时,却无法提供能够必然确认什么是并且什么不是自然之道的方法,比如儒家相信和谐是自然之道(我也相信),这个观念极其重要,而且看上去应该是正确的,但如果没有加以证明的普遍方法(举例子和诉诸情感都不是证明),就等于始终没有被证明,就仍然只是一个假设或信念。同样,也没有办法反过来必然证明战争与征服不是自然之道,尽管我们都相信战争是错误。没有方法就没有理论,这一点解释了儒家何以至今没有完成理论化,只是一些伟大的见识。

儒家根据自然榜样而相信存在的第一原则是无穷复制,即生生不息。这个真理不仅是直观的,而且已经被生物学所证明。不过，无穷复制的原则只是解释了自然存在，尚不足以解释存在的意义，而且在存在论上是对未来性的否定。所谓"日新"，并非创新，而是一种抵制未来性的不断续的未来，真正的意思是，每代人甚至每天都复习或再体验既定秩序，从而保持秩序日日为新，维持秩序和经验不被废弃，在不变中重新来过，就像太阳每天之"新"，故曰"日新"。然而，"日新"只解释了存在何以存在，却不能解释存在方式的更新。人的存在不仅在于"在"，而且在于"作"，前者是存在论的前提，后者才是存在论的问题。复制性的秩序难以对付外部世界的不确定变量和新问题，一旦外部环境发生剧变，既定秩序就难以为继。这也正是千年不变的儒家自身在今天遇到的难题。

（7）这里还需要提到道家和佛家。两者的路径虽有所不同，但有着共同的焦点问题，即个人生命。除了老子是例外，道家和佛家都几乎不关心社会或共同体，而把个人生命问题形而上学化，因此开启了一种私人性的本源，建立了属于一个人自己的哲学。这种专注个人生命的"一个人的哲学"深入了关于生命、身体和体验之类与他人无关的问题，这些形而上学化的个人生命问题虽然深刻，却对任何普遍问题皆无说明，如政治、经济、历史、社会、真理等问题，因此是延伸最短的路径，其问题始于个人生命，终结于个人生命。

4　Facio作为所有问题的本源

最后简要解释以"作"（facio）为问题出发点的形而上学，这是《第一哲学的支点》的核心论点。我选择facio这个概念并提出facio ergo sum（我作故我在）的命题，一方面是向笛卡尔致敬。Facio是基于对cogito（思）的反思，作为cogito的竞争者而提出的。我试图论证，facio作为问题的本源比cogito能说明更多的哲学问题，尽管facio是否能够完全覆盖cogito路径上的每个问题，还有待研究；另一个理由是，本源是一切问题的开端，一切问题都始于行动，而制造问题的行动在于秩序的创制，因此本源必定是存在论与创世论的合一，所以需要一个同时表达行动和创制的概念，即"行"与"作"合一（相当于do和make合一），facio正好兼有行与作之义。

假设facio是哲学问题的本源，那么facio必先于或同步于cogito，且在生成问题的能力上优先于cogito。显然，facio是有思想的行为，不是掷骰子，必定内在地包含了cogito，而纯粹思想的cogito却未必包含具有外在性的facio，因此facio是解释一切问题的第一动词。胡塞尔把意识活动称为意向行为（intentional acts），但意向行为不是实践行为，意识的建构相当于纸上谈兵，只有内在性而没有外在性，因此不是存在论上的建构。在意识内部可以主观地"我欲仁斯仁至矣"，却不等于外在的实践能力或实现能力。外在实践是在回应和解决真实世界里的政治、经济、伦理和技术问题，这些实在性的事情不可能在意识内部完成，所以facio才是建立秩序的动词。而且，正是facio（我作）的实践性担保了我在，只有facio才能同时在意识和身体双重意义上证明我在，而cogito其实不能证明我在，尤其不能必然推出身体性的我在，只能证明我思自身，只是我思的反身证明（reflexive proof）。可见，我在不是我思的分析命题，在此，笛卡尔的推理是错的。有理由说，在存在论上，facio同步于并且内在地包含了cogito。

具有"创世性"的第一个存在论事件，如前所言，是否定词的发明。否定词的发明（等价于逻辑非¬）所以是一切问题的起源，就在于它同时发明了可能性，于是在存在论上为思想和行动预备了无穷多的可能世界，所以否定词是第一个哲学词汇。我们无法复原发明否定词的原始历史情景，但否定词大概来自对拒绝的行为的语言转化，但这个转化是创造性的。出于本能的拒绝行为只是反对某个特定事物，这种单纯的反对并无建构性，无所发明，而转化为否定词就变成了存在论上的创造，它发明了可能性，为存在的值域增加了无数可能世界，所以是在存在论上的一个无中生有的创造，而可能性是唯一由人类建立的存在秩序。就思想潜力而言，发明了否定词也就预告了逻辑的出现。等价于"逻辑和"（∧）以及"逻辑或"（∨）的关系原型本来就存在于事物之中，无须发明而只须去发现和借用，那么，只要发明了否定词,再借用等价于"逻辑和"(∧)以及"逻辑或"(∨)的事物关系,就可以形成自然语言的蕴含和推论关系(只计算真值的实质蕴含是后来的数学化发明,在此不算),而有了蕴含关系就等于潜在地承诺了一切思想,等于预留了思想的所有可能路径,即一个思想总有理由推出其他思想。与追求完美性、绝对性和恒定性的"名词形而上学"不同,facio开启的是"动词形而上学"(参见《一个或所有问题》1998年版,2023年修订版)。在facio路径上的关键路标有:可能性、动词、秩序、关系、变在、共在、递归。

自然不提问题,因为其存在本身即答案。只有那些既非必然也非偶然的人为之事才构成选择问题,所以一切问题只发生于可能性的值域中。所谓问题,就是一种可能性是否能够创制为现实性。如果说否定词的发明是第一存在论事件,那么可能性就是通向所有问题的第一路标。这意味着,哲学的有效论域是可能性,而不是必然性、偶然性和或然性。传统形而上学试图求解必然性,但必然性的值域小于可能性,因此,即使找到了必然性,也无法解释基于可能性的存在方式的丰富性、无穷性和不确定性。动词存在论研究可能性,而把必然性理解为可能性的特例。

实现可能性意味着为存在建立秩序。这里的秩序是广义的,大于康德所说的为自然或为行为立法的范围(知识和伦理),而包括人为建立的所有秩序(相当于维特根斯坦的"游戏"或"生活形式"的范围),包括语言、制度、知识、科学、经济、伦理、规则、价值、技术和艺术等。正因为人为秩序的创制基于可能性而非必然性,所以必定同时制造了不可能完美解决而永无终结的问题。

一切存在都是关系化的存在,其性质只能在关系中被确定,不可能有任何一个自闭而自足的单子式存在,"单子人"不可能存在,甚至"单子物"也不可能存在,就是说,在关系之外无存在。个体存在的性质只是关系的函数值,因此,存在意味着成为关系中的一个变量,或者说,存在就是成为关系函数的一个值。所以,存在论必定是关系存在论,而个体存在论是不可能的。个体没有先验性质,更没有先验价值。

动词创造关系,也可以反过来说,关系都是动词创造的,因此关系总是动态的。关系存在论与动词存在论是一致的,存在即变在(to be is to be becoming),而变在以可能性为值域。人为秩序重新定义了人与事与物的关系,其中最重要的存在论变革就是为存在增加了意义和价值,因而存在被赋予了有用性、重要性、优先性、类别、等级、地位、身份、排序、规则、权力和权利,如此等等,对存在的赋值生成了人类生活里的所有问题。

Cogito是单边主体性,没有把他者或对象的不确定互动回应计算在内,因此问题被简单化了。Facio创造并且解释了互动关系,必定涉及外在性和他者,因此facio展开的是包含一切可能世界的全论域。既然存在以互动关系为存在方式，那么，如果一个存在得以存在，就必定存在于共在状态，这意味着，共在先于存在，而存在是共在的一个函数值。如果说，有什么事情绝对属于个人而超越了共在关系，那就是死，所以，完全的个人性只在死亡。

既然所有问题都发生于动词，都存在于关系的值域中，都处于共在状态，那么，动词存在论、关系存在论和共在存在论是一致的，是以 facio 为本源的形而上学的不同名字。

5　结语

这不是结论，只是补述一个"故事性"的思想实验。以存在论与创世论的统一去理解本源问题，除了上述的分析，还来自一个拟人化的想象：如果不在宗教上而在哲学上把上帝理解为本源，那么，上帝就是绝对的我思，上帝创造"世界"就是思考如何创造存在的创世论问题，要点是无中生有，上帝之我思（cogito）与他的创世行为（creo）必定采取"是"（to be）的肯定句型，所以，存在（to be）是专属于上帝的问题。当代物理学也逼近了创世问题，科学推想的宇宙起源是能量原点大爆炸而创造了时空及万物，这个故事很科幻，不知道是否真实，有待科学的进一步研究。科学化的创世模式不是无中生有，而是由一生多，其基本概念也相当于"是"（to be）。无论上帝创世还是宇宙创生，都是"绝对创世论"的问题，即 to be 的问题。人的作为（facio）也是创制，但处理的是规模很小的"相对创世论"问题。To be 的问题已经在"绝对创世论"里被事先解决了，对于人类，世界的存在是给定的，人能够创造的是在复数可能世界中展开的历史，而创造历史首先需要发明否定词，只有采取"不"（not）的形式才能在"是"的形式之外开拓并定义复数的可能世界，也就是在真理之外创造出意义和价值。

（原载《哲学研究》2021年12期）